科研事业单位绩效评价体系研究

——以贵州省属科研事业单位为例

张大林　著

中国财经出版传媒集团

经济科学出版社

Economic Science Press

图书在版编目（CIP）数据

科研事业单位绩效评价体系研究：以贵州省属科研
事业单位为例/张大林著 . -- 北京：经济科学出版社，
2022.6
ISBN 978 - 7 - 5218 - 3716 - 2

Ⅰ.①科… Ⅱ.①张… Ⅲ.①科学研究组织机构 - 经
济绩效 - 评价 - 研究 - 贵州 Ⅳ.①G322.237.3

中国版本图书馆 CIP 数据核字（2022）第 098076 号

责任编辑：庞丽佳 刘子鋆
责任校对：李 建
责任印制：邱 天

科研事业单位绩效评价体系研究
——以贵州省属科研事业单位为例
张大林 著
经济科学出版社出版、发行 新华书店经销
社址：北京市海淀区阜成路甲 28 号 邮编：100142
总编部电话：010 - 88191217 发行部电话：010 - 88191522
网址：www. esp. com. cn
电子邮箱：esp@ esp. com. cn
天猫网店：经济科学出版社旗舰店
网址：http://jjkxcbs. tmall. com
北京时捷印刷有限公司印装
710 × 1000 16 开 17.75 印张 260000 字
2022 年 6 月第 1 版 2022 年 6 月第 1 次印刷
ISBN 978 - 7 - 5218 - 3716 - 2 定价：59.00 元
（图书出现印装问题，本社负责调换。电话：010 - 88191510）
（版权所有 侵权必究 打击盗版 举报热线：010 - 88191661
QQ：2242791300 营销中心电话：010 - 88191537
电子邮箱：dbts@ esp. com. cn）

序　言

　　科研事业单位是我国社会发展与国民经济建设中提供公益服务的主要单位和载体，是我国国民经济建设、国防建设和科技进步的重要力量，是科技活动的主要执行部门，是实现科学研究目标的重要组织保证。随着社会主义现代化的推进和对科研活动的关注，科研事业单位面临着扩大服务总量与提高服务水平的考验。对科研事业单位绩效评价体系进行科学、合理的优化将有助于提高科研事业单位员工积极性与工作效率，也能够有效地推动贵州省属科研事业单位科研队伍的发展与壮大，更好地为贵州省科研事业的发展提供不竭动力。

　　与此同时，受传统事业单位人事管理机制的影响，目前多数科研事业单位精神上缺乏绩效考核的意识，实践上缺乏针对性的理论体系与设计，在绩效评价过程中缺乏合理性、科学性、全面性与准确性，不利于科研事业单位的稳定发展，不能适应当前贵州省高速发展的需要。

　　本书基于作者对事业单位绩效评估的了解与观察，结合贵州省实际情况，进行了较为全面的分析，同时利用实证研究方法与数据分析软件，尝试设计了科学有效的绩效评估体系。这一结论将为贵州省属科研事业单位的人事管理与绩效评价提供参考性的理论依据，同时也有利于现有绩效评价体系进一步适应科研事业单位主体。希望本书可以为相关部门单位提供一定的思路和借鉴参考。

　　全书共分为五个章节，第一章为引言部分，对本书的研究背景及内容进行了介绍与阐述。第二章为文献综述，梳理了与本研究相关的理论基础与研究现状。第三、四章为全书的主要内容部分，详细介绍了问卷的设计、研究的假设、数据分析和实证分析。第五章基于前文的实证分析结果，提出了事业单位科研人员绩效评估的建议以及保障措施。

在本书的编写过程中，贵州大学管理学院项凯标教授及其团队为我提供了大量的帮助。该团队经过持续研究，对人力资源管理、科研人员绩效评估等理论和实践有相当的理解和感悟，深入指导并设计了本书所使用的分析方法、研究思路等，对本研究的进行及成书做出了巨大贡献，特此感谢。

由于作者水平有限，难免会出现失误和不足之处，真诚地恳请广大读者批评指正。

张大林

2022 年 3 月

目 录

第一章
引 言

　　科研事业单位是我国社会发展与国民经济建设中提供公益服务的主要单位和载体，是我国国民经济建设、国防建设和科技进步的重要力量，是科技活动的主要执行部门，是实现科学研究目标的重要组织保证。随着社会主义现代化的推进和对科研活动的关注，科研事业单位面临着扩大服务总量与提高服务水平的考验。对科研事业单位绩效评价体系进行科学、合理的优化将有助于提高科研事业单位员工积极性与工作效率，也能够有效地推动贵州省属科研事业单位科研队伍的发展与壮大，更好地为贵州省科研事业的发展提供不竭动力。

　　与此同时，受传统事业单位人事管理机制的影响，目前多数科研事业单位精神上缺乏绩效考核的意识，实践上缺乏针对性的理论体系与设计，在绩效评价过程中缺乏合理性、科学性、全面性与准确性，不利于科研事业单位的稳定发展，不能适应当前贵州省高速发展的需要。

　　本书在多方面的文献研究与分析基础上，针对省属科研事业单位的研究主体设计问卷并进行调研，对科研单位工作人员进行科研成果、教学质量、行政满意度、社会交流和人才培养等多方面的绩效评价信息收集，对收集的问卷进行数据归纳，分析得到科研单位中不同群体（不同学历、职称、工作岗位、单位类别、工作年限等）之间对科研成果、教学质量、行政满意度、社会交流和人才培养的感官差异以及次重点，并运用SPSS与

AMOS 等数据分析软件对调研所得数据进行了全面的实证分析，确立了适应贵州省属高校的三级绩效评价体系，并在区分教师的学历、工作年限、工作岗位及职称后制定相应绩效评价的三级指标。本书结论部分在结合战略、动态变化、科学全面、反馈应用等四个原则的基础上，分别以政策与科研单位视角对当前高校教师绩效评价体系给出了以更好地服务于科学研究、提升专业技术人员科研能力为根本目的的相关意见与建议。这将为贵州省省属科研事业单位的人事管理与绩效评价提供参考性的理论依据，同时也有利于现有绩效评价体系进一步适应科研事业单位主体，对于高校充分调动教师工作积极性、提高工作效率具有重要意义。

第一节 绪 论

一、研究背景

高校等科研事业单位是我国社会发展与国民经济建设中提供公益服务的主要单位和载体，是我国国民经济建设、国防建设和科技进步的重要力量，是我国社会主义现代化建设的重要力量。科研事业单位提供公益服务总量不断扩大，服务水平逐步提高，在促进经济社会发展、改善人民群众生活方面发挥了重要作用。但受传统的事业单位的人事管理机制的影响，目前多数高校缺乏绩效考核的意识，不利于员工积极性的发挥和人员结构的稳定。科研事业单位现行的绩效考核模式已经越来越不能适应当前客观形势的需要。

国内有不少学者系统总结了目前国内事业单位考核存在的问题。例如，师雪茹、陈刚（2020）[1]认为，目前我国科研类事业单位尚未彻底建立绩效考核机制，在绩效考核机制建设等方面主要存在考核形同虚设、重视程度不够、评估指标设置不合理、评估反馈体系不健全等问题。杨哲（2020）[2]认为科研事业单位存在人员流失问题并提出应该完善绩效考核体系、薪酬体系等对策。盛力（2013）[3]认为，科研事业单位工作难度较大、时间较长、工作成果需要一段时间才能显现，工作成果模糊，难以准确衡量。张琳（2007）[4]在其研究成果中指出，受考核标准多样、工作要求多样、工作时间不确定、工作成果难以评估、工作内容差异较大等原因影响，科研事业单位员工的绩效考核是一项复杂的系统工程。刘霞（2011）[5]指出，目前在我国部分科研事业单位内，员工的工作成果多是由于组织专业分工与团队协作而完成的，由团队成员共同配合完成工作难以区分团队内个人成果和团队成果，这也为科研类事业单位的专业技术人员的绩效考核工作带来了难度。阳望平（2011）[6]，徐国敏（2011）[7]认为有效的科研事业单位绩效考核体系，应从制度建立、组织管理、科研过程、成本控制、科技成果、成果质量等方面多维考核；同时结合组织和单位的特点与实际情况，研究采用部分经济指标、成本指标与效益指标等；在方法选取方面，应该以定量考核与定性考核相结合、短期考核与长期考核相结合的方式，并通过指标权重设置体现一定的导向性，同时设置一定的空间，使考核体系具有柔性、可调整的特点。

二、研究目的

对以高校为代表的贵州省属科研事业单位的绩效评价体系进行全面分析，从管理工作的实际出发，通过适当渠道做好宣传工作，宣传好绩效评价管理工作的重要性和必要性，树立正确的绩效评价观念，提高单位领导对绩效评价的重视程度和科研人员的参与意识；明确绩效目标，建立科学完善的高校教师绩效评价体系。科研事业单位按照上级主管部门的要求，根据自身的职能、发展规划等实际情况，制定科学合理的绩效目标。充分利用先进的信息网络技术，形成一个完备的绩效评价数据库，建立统一的绩效评价管理信息系统，对科研事业单位的绩效目标的执行情况、完成结果以及科研效益情况进行考评，并形成绩效运行监控报告，防止执行过程中偏离预期的绩效目标，以确保绩效评价工作顺利完成。并采取科学的绩效评价方法，使科研事业单位绩效评价更加科学规范。目标为建立起基于贵州省省情、符合时代和未来发展要求的高校教师绩效评价体系。

三、研究意义

高校等科研事业单位作为知识工作者的主要聚集地之一，关注知识型员工的发展必不可少。知识成为了知识经济时代组织核心竞争力的重要源泉之一。知识型员工，是组织知识的重要来源，是组织知识的客观载体，更是衡量组织战略实施的成功与否的核心要素。科研事业单位中的知识型员工，即高校教师，作为核心工作人员，其绩效的高低关系着整个单位的总体绩效水平。知识型员工的绩效考核结果是否公正合理、科学有效，这不仅影响到他们的工作满意度，而且会影响到他们的工作积极性及工作效率。如何完善高校教师的绩效考核体系，以促使他们能够准确认识自身工作绩效结果考核流程，发现自身工作存在的问题及不足，并积极地自我提升以实现更好的绩效水平，从而形成合理有效的良性循环，这具有较强的现实意义和实用价值。

在贵州省，随着经济的快速发展，人才在社会中的地位越来越高，人力资源成为每个科研事业单位增强自己的市场竞争力的重要前提和基础，而如何吸引和激励并留住科研事业单位的人才资源成为当前极为重要的任务。而目前科研事业单位人才流失现象日渐严峻，为科研事业总体发展带来了一定的负影响。其在很大程度上归结于科研事业单位的不科学绩效考核现状与绩效工资激励机制的不完善，因此在不合理的绩效考核体系现状基础上完善建立科研事业单位科学考核体系与工作人员绩效工资激励机制，对于吸引人才、留住人才且充分调动广大教师的工作积极性具有重要意义。

第二节　研究内容和结构

一、研究内容

本书研究主要内容如下：

（1）资料收集与文献综述。对以高校为代表的贵州省属科研事业单位的绩效评价体系现状进行文献收集，将价值分析理论、因素评价法、绩效考核理论和组织结构理论的相关文献进行理论综述，深入分析绩效考核的概念，绩效考核的目的、意义及原则，梳理绩效考核的形式与方法，并研究岗位分析的含义及方法，为研究提供理论支撑。了解国内外对科研事业单位绩效评价的相关研究，分析相关政策法规以及新出台的科研事业单位深化改革要求。

（2）科研事业单位现状分析。对贵州省属科研事业单位的绩效评价体系进行系统分析、价值要素分析、考核指标分析和政策法规分析，归纳出现状问题，针对存在的问题制定初步的解决方案。

（3）高校教师绩效指标构建。从实际出发，对评价指标体系的建立原则进行阐述，遵循指标体系的设计原则，提出涵盖高校教师绩效评价全价值、全过程、综合平衡的指标库，进行评价指标体系的设计。通过多层次的指标架构指标体系，初步建立通用指标库，对各个指标进行准确释意。这样把高校的整体规划、目标与具体考核人员行为绩效评价紧密联系起来，把高校绩效评价的整体规划及目标转变为具体的目标和测评指标。

（4）高校教师绩效考核模型建立。对绩效评价体系存在较大问题的高校进行实地调研、现场访查，对科研事业单位考核主体进行确立，并对各个职位进行岗位分析。最后通过岗位分析对不同职位的考核主体发放配套的调查问卷。对实地调研、现场访查、调查问卷的数据和资料进行数据收集整理与资料归纳，运用 SPSS 与 AMOS 等软件对数据进行分析，确立评价指标权重，明确具体的绩效评价工作流程，赋予评价程序严格性与规范性。

（5）对策研究与建议。结合数据分析结果、理论基础与贵州省科研事业单位在绩效考核机制方面的普遍问题化及个性问题，结合事业单位改革的相关政策要求，提出完善贵州省属高校教师绩效考核机制的对策和建议。针对性提出绩效考核优化设计方案，并从绩效考核前期准备阶段、绩效考核中期以及绩效考核后期阶段三方面来提出相应的绩效考核具体实施步骤，同时，从加强绩效考核宣传培训、完善绩效考核机制以保证实施的规范性以及重视绩效考核沟通与反馈方面对绩效考核设计方案的实施提供必要的保障措施。

二、研究结构

本书共分为五个部分进行，具体如下：

第一章,引言。通过对国内外科研事业单位绩效评价体系进行文献综述,系统地掌握、总结和认识科研事业单位绩效评价体系的特点,深入分析绩效考核的概念,绩效考核的目的、意义及原则,梳理绩效考核的形式与方法,针对贵州省属科研事业单位在绩效评价体系设计中存在的问题进行思考,进一步提出本书的研究内容和技术路线图。

第二章,相关理论文献综述。在大量阅读论文中所涉及的与科研事业单位绩效评价体系概念、评价指标以及指导原则相关国内外文献的基础上,加深对论文涉及的研究概念的了解和认识程度。

第三章,数据分析和人口统计学分析。对收集得到的数据进行整理,运用SPSS26.0和Amos26.0对调查问卷数据进行数据研究,并根据分析结果进一步了解贵州省属高校教师绩效评价体系的现状。

第四章,实证分析。在数据分析的基础上,运用SPSS26.0和Amos26.0合理划分高校教师绩效考核模型的二级指标及三级指标,并为相应指标赋值,形成完整的高校教师绩效考核模型。

第五章,政策建议与结论。对本书的结论进行说明,对研究中存在问题和不足进行阐述和说明,并说明本书以后的研究内容和方向,为以后的研究打下基础。

第三节 研究方法和技术路线图

一、研究方法

(1)文献检索与分析法。利用学校现有的图书馆和数据库资源,对科研事业单位绩效评价体系相关文献进行检索与分析,把握学术前沿,厘清中外学者对科研事业单位绩效评价体系现状的认知以及影响绩效评价体系的主要要素，并初步形成研究理论框架。

（2）案例分析法。在文献分析的基础上，深入实践分析一个具体的高校的绩效评价案例，根据对案例的分析，找出绩效评价体系存在的问题，为高校提出优化建议，以期为存在同样问题的高校绩效评价体系提供参考。

（3）问卷调查与数学建模相结合。在访谈基础上，进行问卷设计和小范围预试，对理论模型和问卷进行修改与完善，并进行正式问卷调查。通过多线性回归、结构方程对数据进行分析，建立高校教师绩效评价体系模型。

（4）定性分析与定量分析相结合。在研究过程中，对收集的各种文献资料、调查问卷数据和信息等方面综合使用了统计、总结、归纳与演绎等定性分析方法，在设置绩效考核模型指标权重时，运用专家评分法这种定量分析法对指标的权重进行确定。定性分析与定量分析相结合，使研究结果更加科学客观。

二、技术路线图

结合当前科研事业单位分类改革的政策要求，以分析贵州省当前科研类事业单位绩效考核机制现状为基础，剖析高校组织管理现状，系统分析存在的问题，并选取贵州省内几所代表性高校作为研究案例，采用问卷调研、实地访谈等方法，分析这些高校绩效考核机制的现状、存在的问题，以岗位分析为基础，对照问题设计详细、完善绩效考核机制指导并应用于现实实践，并使用因素评价法对岗位价值进行评价和定量。技术路线如图 1 - 1 所示。

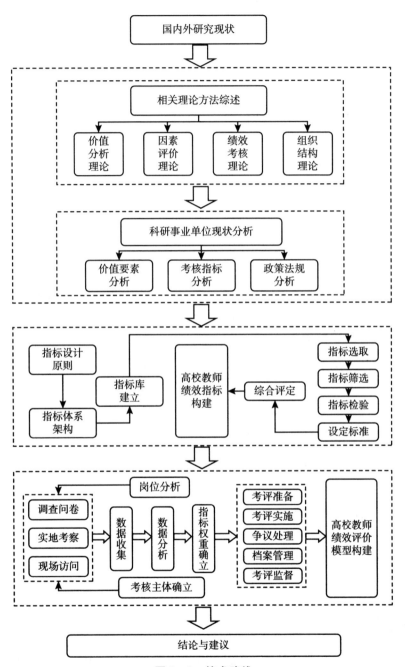

图1-1 技术路线

第四节　科研事业单位的定义及其分类

一、科研事业单位的定义

在《事业单位登记管理暂行条例》中提到，事业单位是指为了社会公益目的，国家通过相关机构或者其他组织利用国有资产设立的，从事科技、教育、卫生、文化等活动的社会服务组织。事业单位归国家所有，是一种我国特有的形式，是与企业不同的非营利的社会公益组织，所以对事业单位的经营效率和效果进行衡量不能仅用包括货币在内的物质指标。

所以，科研型事业单位是指从事科学研究的各级科研院所、高等院校、中心等满足上述特征的社会服务组织。科研事业单位是我国进行科研事业的主力军，主要负责科学研究事业执行与实施，同时科研型事业单位还承担着大量的纵向和横向科研项目，这些项目包括：国家级、地方政府以及企业级，项目涉及理论研究、应用研究、应用示范、技术集成、产品研发以及成果转换等[8]。

二、科研事业单位的分类

从政府补助方式对事业单位进行划分，可将事业单位分为三类。首先是全额拨款的事业单位，是指单位的经费均由国家拨付并且单位没有收入或收入不稳的事业单位，如学校等。其次是差额拨款的事业单位，是指国家对于单位经费不足的部分通过财政进行补足的单位，通常拨付的事业收入是稳定的，但自身运转所需的支出大于所获得的事业收入，如医疗卫生机构等。最后是自收自支的事业单位，是指单位的经费不需要国家进行补助，单位可通过行政事业性收费进行自收自支，事业收入能够满足自身运转所需的支出。

第五节 主要创新点

当前来看，已有绩效管理相关理论几乎涉及了绩效考核的方方面面，包括方法、内容、流程、原则等各个方面，但当前科研事业单位在利用这些理论成果方面相对薄弱，尤其是针对某一特定性质的单位、某一类特定的被考核对象，结合具体案例，专门设计特定单位特定类型考核对象的绩效考核，并借助先进绩效考核方法实现有效的绩效考核的研究涉及较少。因此，本书选取高校教师作为研究对象，对整合借鉴绩效考核理念和技术成果进行探讨，以实现对其更加有效和科学的管理。

从某种程度上来说，事业单位深受传统计划体制的影响，因而也属于具有中国特色的产物范畴。不同于一般的商业性质的企业，科研事业单位的经费更多的来自财政拨款，也可能来源于技术开发或技术产品转让。企业进行绩效考核的模式方法可能难以适用于高校等科研事业单位，因此，为科研事业单位找到合适的绩效考核机制很有必要。而且，科研人员的工作成果多数时候是团队共同努力的总和，个人绩效很难通过最终的工作成果单独得到检验。针对科研人员及管理者这一工作特点，本书试图通过借鉴吸收国内外组织中创新型员工绩效考核的具体案例的成功实践，结合实际科研事业单位创新型员工绩效考核现状，构建高校教师绩效考核体系，而已有研究较少涉及，可见该切入点具有较好的理论和现实意义，对于高校的绩效体制改革具有一定参考价值。

第六节　科研事业单位绩效评价的原则

一、定性和定量相统一的原则

要能对评价对象从定性和定量两个方面进行合理描述。一般而言，定性评价采取经验判断与观察的方法，其评价结果具有不确定性；定量评价采用量化的方法，其评价结果往往具有局限性，评判不容易深入。将定性和定量评价相结合，可以弥补各自的不足之处，达到较好的评价效果。

二、可操作性和可比性相结合的原则

科研事业单位绩效评价指标体系的建立应从我国国情和科研事业单位绩效评价指标体系的现状出发，努力做到理论与实践相结合，简便可行，尽可能直观、具体、明确，具有可操作性和可行性。为计算简便，在基本满足评价要求和给出决策所需信息的前提下，尽量减少指标个数，使整个指标体系具有较高的使用价值和可操作性。

三、动态性原则

对科研事业单位的认识和评价是一个动态过程，随着相关因素的变化和发展，各个评价因子所发挥的作用会增强或减弱。其评价体系应遵循动态性原则，如发生重要的技术、社会、经济或其他变化，科研事业单位绩效评价体系应作相应调整，以适应变化。

四、共性指标和个性指标相结合的原则

在考核指标设置过程中，充分考虑不同科研事业单位的客观条件差异性对考核结果的影响，实行分类考核，建立共性指标与个性指标相结合的评价考核指标模式，以更加清楚地发现和识别问题，并做出准确的评价和决策，使绩效评价更具客观、公正、完整及有效性。

五、经济效益和社会效益相结合的原则

科研事业单位绩效包括经济效益和社会效益两个方面，两方面是对立统一的关系，既相互联系，又相互区别，绩效评价应将二者有效结合起来。

第七节 科研事业单位绩效评价方法综述

曹献飞（2012）[9]通过建立科研团队绩效评价指标体系，运用可拓理论建立绩效评价模型并进行实证分析，探讨形成高校科研团队绩效评价的新方法；李巨光等（2013）[10]结合科技创新团队绩效评价的内容和评价主体的特点，综合目标管理、同行评议和360度考核等方法的优点，提出适合科技创新团队的绩效评价方法；高振等（2013）[11]从团队绩效考核、团队成员绩效考核两方面来构建可复制的、操作性较强的研发团队绩效考核机制，意在为协同创新发展模式中的科研团队绩效考核工作提供理论支持和实践参照；姜彤彤（2014）[12]采用数据包络分析方法（DEA）测算和分析科研团队投入产出绩效及其差异和特点；辛琳琳（2014）[13]基于投入——产出视角对高校科研团队绩效评价进行了较为全面的研究；冯海燕

（2015）[14]基于 PDCA 循环法提出高校科研团队创新绩效考核管理新方法并进行实证分析和论证；王晓蓬等（2018）[15]针对现有的高校科技创新团队评价机制存在因重视量化"硬指标"、忽视定性"软指标"所带来的断链问题，提出健全"定性"与"定量"的"链式"评价机制；吴磊等（2018）[16]提出一种基于改进区间数证据理论的高校科研团队绩效评价方法，并对安徽某高校的一支科研团队进行了实证分析。

评价方法是绩效评价的具体手段，不仅要尊重科研人员及其工作的特殊性，还需充分考虑科研事业单位的实际情况，增强绩效评价方法的实用性。经过在评价实践中逐步发展和完善，目前在评价方法上主要采用定性评价法、定量评价法和综合评价法，比如德尔菲法、层次分析法、主成分分析法、数据包络分析方法、模糊绩效评价法和因子分析法等[17]。

一、德尔菲法

德尔菲法，又称专家意见法。主要是通过调查者选定专家组，将编订好的调查表分别发放给不同的专家，专家通过匿名回复的方式完成对被调查者的调查。多次反复之后将得到的较为集中的意见作为最终的调查结果，以此获得较高信度的调查结果。德尔菲法所具有的匿名性、反馈性以及统计性等特点，使其能够得出信度较高的统计结果，但由于需要经过多次反复之后才能获得较为集中的结果，比较耗时费力，不能够进行快速的决策[18]。

二、层次分析法

层次分析法是将与目标相关的要素分解成目标并进行定性和定量统计的一种决策方法。它能够在面对复杂和无结构特性的问题时提供一种简单的决策方法。它将人的思维过程划分为细小的层次，以便于进行量化分析，通过此方法将定性和定量分析相结合，以此来对研究对象进行分析并提供一种简单明了的分析结果。

三、主成分分析法

主成分分析是一种多变量分析，霍特林（Hotelling）在 1933 年首先提出。它主要是通过降维把复杂的多变量，归纳、综合成一组新的指标代替原来的多变量，达到简化变量的效果，从而降低研究复杂程度。在人才评价体系模型的建立过程中，为了能够全面、客观地综合评价一个人，往往会设计较多变量以达到全面、客观的要求，但在实际研究中，多变量会提高研究的复杂程度，而通过主成分分析能够在降低研究复杂程度的同时，达到对研究对象评价客观、全面的要求。

四、数据包络分析方法

数据包络分析方法（Data Envelopment Analysis，DEA）是运筹学、管理科学与数理经济学交叉研究的一个新领域。它是根据多项投入指标和多项产出指标，利用线性规划的方法，对具有可比性的同类型单位进行相对有效性评价的一种数量分析方法。此方法及其模型自 1978 年由美国著名运筹学家查恩斯（A. Charnes）和库柏（W. W. Cooper）提出以来，已广泛应用于不同行业及部门，并且在处理多指标投入和多指标产出方面，体现了其得天独厚的优势。

五、模糊绩效评价法

科研事业单位绩效评估中通常设计定量指标和定性指标，对定性指标的评价会受评价者个人经历、敏感性及个人标准的影响，评价得分通常具有一定的模糊性。因此，很多专家认为，模糊绩效评价法可以对高校进行更加专业的评价。通过运用模糊数学的方法将研究所涉及的人、物、事、方案等进行多因素，多目标的评价和判断，这就是模糊绩效评价法。其通过建立数学模型的方式，将定性的问题转化为定量问题进行测量，能够有效地对研究对象做出一个总体评价，并且确定各级指标的权重及归属，能够较好地解决具有不确定性的问题。

六、因子分析法

本书通过对以上方法的了解和认识，结合贵州省属科研事业单位的特征，通过 SPSS26.0 和 Amos26.0 对数据进行处理分析后，选择运用能够更全面、客观反映贵州省属科研事业单位特征的主成分分析法来确定高校教师绩效评价的二级指标并赋值，采用更直观、准确的因子分析法对评价体系的三级指标赋值。

第八节　科研事业单位绩效评价存在的问题

科研事业单位绩效考核的内容很大程度上缺少量化与细化，考核内容过于简单，为了考核而考核，有的考核也就是一篇自我评价的文章，而考核最后的结果也仅仅是走过场。这样也使得下级人员多是应付了事，没有达到考核本身的目的。目前，科研型事业单位的考核指标构成较为不合理，抓不住关键性指标，没有针对不同层次的员工设置不同标准的绩效考核指标，绩效考核工作也是处于主观评价和印象评价比例较大的阶段，上级领导或者管理者的主观影响占据绩效考核的重要分值，从而导致绩效考核结果无法测量出员工的真实绩效，绩效结果也几乎都是达不到预期科研事业单位各个层次的合理的薪酬差距的效果。

绩效考核缺乏有效及时的反馈沟通。绩效考核的目的不仅仅是为了评优评先，而是通过考核来调动员工的积极性并且使员工发现自己在工作中的不足之处，从而改进绩效考核的一个关键因素就是需要管理者与员工持续的沟通在发现问题时，要针对某项业绩表现进行反馈，找到业绩表现不好的内在原因。一是科研型事业单位在制定绩效计划时管理者与员工就没有针对绩效目标进行沟通、达成共识，员工就很容易产生对绩效考核的抵触和反抗心理，或者在绩效考核指标方面员工并不认可，并且有些科研事业单位执行强制性的分配任务并把奖惩手段作为改善其绩效的工具。在这种环境下，员工就很容易产生对绩效考核的抵触和不配合情绪。二是很多科研型事业单位在绩效评估后没有进行绩效反馈，认为绩效考核的结果没有必要告诉员工，认为绩效考核的意义仅在于发奖金，使绩效评估流于形式，因此员工不了解上级领导对工作绩效和能力的认可度，也找不到工作业绩不好的原因，从而形成恶性循环，也就达不到激励员工的作用，最终失去了绩效考核的根本意义。

第二章
相关理论文献综述

第一节 绩效评价与绩效管理理论

绩效的概念来源于管理学，后期发展成为一个内涵丰富、应用广泛的多维度概念，可以从多学科领域以及多主体层面出发对其含义进行不同的阐释。从管理学观点出发，绩效是组织期望得到的结果与目标；从经济学观点出发，绩效是与组织给予员工的薪酬对等的，员工对组织的承诺[19]；从社会学观点出发，绩效是按照社会分工所确定的角色应该承担的责任和义务[20]。在管理学中，对于绩效的理解通常有两个主体维度与三种界定标准。就主体而言，绩效可以分为个人绩效与组织绩效。就界定标准而言，主要有三种观点：产出论、行为论、能力论。产出绩效论认为绩效是员工工作成绩的记录，是其工作所完成的任务、目标与产出，重视产出的结果；以美国学者坎贝尔为主要代表人物的行为绩效论认为，绩效是为了实现组织战略目标而进行的行动或行为，而与工作无关的影响因素所导致的工作结果并不能作为工作绩效的评价依据；能力论则认为工作产出是员工所付出的脑力和体力的结果，绩效会通过员工的个人素质与能力表现出来。福特和谢伦伯格（Ford & Schellenberg, 1982）[21]对定义绩效的三种方法重新进行了整理和归类。一是目标法，由埃齐奥尼（Etzioni）在 1964 年提出，将目标的实现状况作为判断组织绩效的标准。二是系统资源法，在目标法提出同期由尤济曼和西肖尔（Yuchtman & Seashore）提出，该方法认为企业所处环境及占有的资源是企业绩效的体现，因此将企业拥有稀缺资源的能力看作衡量组织绩效的标准。三是成分法，1977 年由斯凯尔（Steers）提出，以组织与其成员以及成员与成员之间的互动行为作为判断绩效的标准。

绩效评价思想与理论起源于资本主义商业实践，最初主要被用于衡量企业等组织的成本、资产、运营等财务指标的目标完成程度，以实现了解企业发展水平，促进企业良好经营的目标。然而随着经济的发展，人们逐渐发现传统的绩效评估手段与内容较为单一，存在较强的主观性，同时向外缺乏对所在组织文化背景、生存环境与目标战略等组织特性的统筹考虑，向内则忽视反馈与沟通，难以实现对组织内个体的具体引导与有效激励（于大春等，2010）[22]。经过一系列研究与实践，一方面，绩效的内涵得以扩展，绩效评价目的由调剂与再分配、主观评价、德能勤绩评价发展到现代的量化目标考核、价值评价与绩效改进（王菲与毛乃才，2010；王曼丽，2018）[23,24]，其方法也从简单的财务指标计算发展为多种涵盖全面的绩效评价模型与理论流派，注重将财务指标与非财务指标相结合进行研究，关注组织创新性、管理流程科学性、管理水平等影响组织长期发展的要素。另一方面，其研究对象也不再限制于企业，以绩效评价为基础的绩效管理逐渐作为一种更加广泛的管理手段被应用于任何组织、个体以及由个体到组织的整体范畴之内（刘志华，2014）[25]，绩效管理理论也在此基础之上建立起来。

正是因绩效管理理论对于组织战略目标实施与实现的关注，在 20 世纪 70 年代末被提出后，该理论快速成为研究的一个主流（陈莹莉，2015）[26]。与绩效的组织层面与个人层面相对应，绩效管理理论也具有组织绩效管理与员工绩效管理两种理论观点，并且在此基础上发展出了将组织绩效管理与员工绩效管理相结合的观点。

陈凌芹（2004）[27]认为，绩效管理应当建立在组织战略的基础上，其是对组织战略目标实现过程中各个要素的管理与控制。管理者应当对所在组织已确立的战略目标进行分解，并将分解后的目标作为员工业绩的评价标准，从而将绩效落实在组织日常的管理活动之中，通过促进员工业绩水平的提高最终实现组织的整体战略目标。侧重于组织层面的绩效管理理论认为绩效管理应当以组织目标为主要考量，利用组织结构、技术事业系统以及相应程序实施行为，而在绩效管理的全过程中，个体员工虽然作为组织中的成员而受到一定的影响，但并非绩效管理需要考虑的主要对象。与之相对，威廉姆斯（2002）[28]认为员工是绩效管理的主体，管理活动应当围绕员工进行。在此观点下，绩效管理被视为管理员工绩效的完整系统，需要完成以下内容：第一，为员工制定绩效目标与标准；第二，对员工的完成过程进行监督、管理、反馈、支持；第三，对员工绩效的完成情况进行考评；第四，根据考核结果对员工进行合理奖励、培训与后续管理。在以员工绩效为主要管理对象的理论中，管理者需要关注的是对员工工作行为与结果的有效管理，目标是提高员工绩效，但最终仍应当实现组织整体的任务目标。持有这种观点的管理者强调组织内员工的参与度与投入度，认为绩效激励是管理者的职责之一，而绩效的完成责任应当由管理者与直接参与者共同承担。顾琴轩（2002）[29]则将绩效管理看作以上两种观点的统一体，认为绩效管理是将员工绩效与组织战略层面相连通的管理系统，其内容应当包含目标与计划、指导与教练、评价与检查、回报与反馈以及改进与提高等关键部分。这种观点的目的是提高组织绩效，但强调在达到目的的过程中应当以员工为管理重点，同时涉及个体与整体之间的其他层次结构，并将其均作为绩效管理的对象，因此绩效管理更加被作为一个整体过程而得到重视。

近年来，学界认为绩效管理关注组织战略目标的实现，是有目的、系统化的管理实践活动（王艳艳，2011）[30]。绩效管理是一个典型的动态过程，完整的绩效管理过程之间前后相继，一个过程的结束即是下一个管理过程的开始（刘兵等，2006）[31]。通常认为，科学有效的绩效管理全过程应当包含四个环节（见图2-1），以形成完整的绩效管理循环（方振邦，2007）[32]，通过这种不间断的管理过程，组织的绩效得以持续提高。其中，准确地进行绩效评价是绩效管理的关键环节与核心课题（亓慧，2014，李宝元和仇勇，2016）[33,34]。

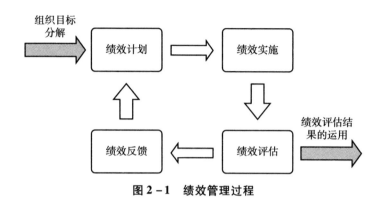

图 2 - 1　绩效管理过程

随着绩效管理理论的迅速发展，更多的理论体系与研究框架得到确立，并在企业等营利性组织之内成功应用，从而为研究范围的进一步扩展提供了启发与借鉴，以高校与高校教师、科研机构与科研人员为代表的非盈利组织及其成员成为新的研究对象（阳敏，2017）[35]。

因此，本书以绩效管理理论与绩效评价为研究依据与理论指导，对科研事业单位的绩效评价体系进行研究与改进。此理论为本书的核心内容，即绩效评价体系的分析与构建提供了可能，使其有效性与可行性有理可循，从而为基于数据的实证分析与进一步的对策与结论奠定了可靠的基础。

第二节　系统科学理论

根据绩效管理理论，绩效评价是系统化管理过程的一个环节。因此，在设计评价体系时，应当将整个系统纳入考虑范围之内，进而使通过定量评价所获取的信息对于组织系统具有价值意义。江锋和邓彦伶（2020）[36]认为，系统工程方法为进行定量化科研人员绩效评价提供了理论来源。基于模型的系统工程认为任何复杂系统都可以通过确定与研究核心问题得以简单化，而针对科研事业单位的绩效评价问题，标准、定量、结构化地衡量科研人员的创新行为无疑是该课题的核心问题，从而科研事业单位的绩效评价体系研究与优化便可以利用系统科学理论与系统工程方法进行简化。

系统科学理论最初主要应用于哲学领域与生物领域，半个世纪以来，经由对系统内元素与个体运动性质认识的不断深入，逐渐发展完善并走向成熟，形成了现代系统科学理论（陈涛，2005）[37]。由于系统科学理论所提供的对于系统的解读与发展规律适用于一切系统，因此随着系统科学理论的扩展与丰富，更多的学科领域将该理论与思想纳入自身的研究体系之中，并因此激发出巨大的活力。其他学科借助系统科学的方法，以整体、平衡、关联的思维对研究客体进行观察研究，从而得以多层面、多维度深入理解客观现象，达到从整体上分析问题、解决问题的目的（谢德胜，2019）[38]。罗宾斯（Robbins，2001）[39]研究发现，以组织整体方式衡量得到的绩效水平高于组织内所有个体绩效的总和，可见系统科学思想在绩效评价与绩效管理领域内也有其应用价值。方宝（2017）[40]在对研究型高校教师的绩效考核机制进行研究时，通过系统科学理论得到以下几点启发，对本研究的进行有一定的参考价值与借鉴意义：注重要素之间的关联性，体系建构系统化；注重开放性与动态性，保持体系健康发展；注重目标实现多样性，提高体系弹性；注重个体层次性，合理设计分类机制。

第三节　科研成果研究综述

科学研究简称科研。根据我国教育部的定义，科学研究（scientific

research）是以增进包括关于人类文化和社会知识在内的知识储备，以及利用这些知识去发明新的技术为目的而进行的系统性的创造性工作。英国1996 年科研评价方案（1996 Research Assessment Exercise，1997）对科研的概念进行了界定：科学研究是指为了获得知识与了解所进行的原创性探究活动。澳大利亚在高等教育研究资料库的创建过程中，将研究定义为：研究是一种引导公开的正确成果，而且可以公开给同行评价的活动。根据研究的特性，其分类有纯基础研究（purebasic research）、策略性基础研究（strategic basic research）、应用性研究（applied research）及实验发展（experimental development）[41]四种。

总的来说，由于各地理区域与学术领域内研究人员对于科学研究的关注点不同，科学研究概念的界定并不完全一致，但在本质特征上无较大差别。从目的的角度来说，科学研究是一项旨在探索未知事实或未完全掌握的事实的本质及其规律以及对已有知识进行创造性分析和整理的社会实践活动（史兆新，2019）[42]。进一步可以认为，科学研究的目的是增进知识积累，用知识指导与发展实践，最终实现个人、专业、组织以及社会的持续性发展（郑菲菲，2017）[43]。从科学研究的表现来说，它是一种系统地对问题进行探索与解决的活动，在科学研究的过程中，研究者可以探求获得反映自然、社会、思维等客观存在的规律，也可以实现知识的整理与创造，阐明研究实践与科学理论之间的关系（王丽丽，2017）[44]。从学术角度来说，科学研究就是对学术问题进行研究的活动。

根据《现代科技管理实务全书》的定义，科研工作者在各自研究领域通过科学的思维方式和科学的研究方法进行科学研究所取得的具有一定的理论价值或者现实意义的收获即为科研成果。相比于其他劳动成果，科研成果是脑力劳动或称科研劳动，如调查、观察、分析等科研活动，所获得的知识产品，强调价值性、科学性与独创性。由于科研目的不同、成果的表现形式不同，科研成果可以被分为理论性成果、应用性成果、发展性成果和阶段性成果（顾明远，1998）[45]。在分类基础上的科研成果评审为达到保证科学性与公平性的目标，应当针对不同的科研成果设置区别种类的评审原则，与研究目的、特点及表现形式相对应，从不同层面与角度进行有侧重地考察与评审。

近年来，各高校逐渐认可将发表在网络上的文化成果作为科研成果，从而带来了科研成果认定的三大突破。一是表现形式上的突破。对网络发表的研究产出的认定突破了传统观点中将科研成果等同于在学术期刊上发表的学术论文的看法，使科研成果从单一的学术论文形式向多种可能的科研"产品"形式转变。二是科研评价标准的突破。新的网络科研成果认定标准将成果在网络上的阅读量与影响力作为价值评价的主要依据，以大众的关注度与认可度代替传统科研成果的创新性、学术性作为价值衡量标准，标志着科研成果在评价标准上突破了学术范畴，从一元的专业创新性向多元的大众影响力标准转变。三是科研评价主体上的突破。传统科研成果评价方法通常是以同行评议评价为主要参考，而网络科研成果评价事实上通过评价标准的大众化与网络化将科研成果的评价主体由同行、专业、学术界人士扩大到了非专业非同行的更广大群体（刘小强和蒋喜锋，2019）[46]。

在科研单位绩效评价体系中，科研成果被看作是一种产出而成为绩效评价的一个重要指标。对于以高校为主要代表的科研事业单位，其绩效考核结合了经济学视角与方法，从科学研究、人才培养和社会服务三项高校主要职能角度对其生产绩效进行衡量（刘威，2015）[47]。有学者认为，科学研究是三项主要职能的基础，人才培养与社会服务根本依托于科学研究所产生的新知识之上，同时由于科学研究产出即科研成果具有客观与便于量化的特点（贺永平，2015）[48]，该衡量维度成为科研人员绩效水平的一个重要考核指标。国内科研事业单位的科研业绩评价关注重点普遍集中于科研投入、成果产出、科研素质与能力以及科研影响力等学术指标（高新发，2000）[49]。然而，目前科研成果考核条件存在重评价指标轻学科建设、重共性轻特性、重数量轻质量、重形式轻实质等问题（刘仁义，2007）[50]，实则并不利于科研项目的进行。与此同时，以科研成果为主要考核指标的评价体系也存在问题，对于科研量化指标过度关注导致了对

"人的发展与培养"的忽视，也带来了"唯帽子、唯学历、唯论文、唯奖励"的倾向，使得高校教师在立德树人与服务社会上的贡献难以在绩效评价体系中得到恰当的认可，产生负面导向，也无法满足绩效评价与绩效管理在新时代背景下的发展要求（陈燕等，2019）[51]。

第四节　人才培养研究综述

要了解人才培养的内涵，首先需要解决的就是"何为人才"的问题。中国传统文化中，人才概念古已有之，并且具有极其丰富的内涵，但一直缺乏确切的定义。1979 年，雷祯孝和蒲克（1979）[52]首次明确提出了人才的概念，他们将人才定义为"用自己的创造性劳动成果，对认识自然、改造自然、认识社会、改造社会以及人类进步做出了某种较大贡献的人"。此后，学界普遍较为认可的概念定义是叶忠海（1983）[53]所提出的"人才是那些在各种社会实践活动中，具有一定的专门知识、较高的技能和能力，能够以自己的创造性劳动，对认识、改造自然和社会，对人类进步做出了某种较大贡献的人"。2010 年，《国家中长期人才发展规划纲要（2010～2020 年）》[54]中给出了"人才"的权威定义，认为人才是具有一定的专业知识或者专业技能，从事创造性劳动并对社会做出一定贡献的人，是人力资源中具有较高的能力与素质的部分劳动者。

除学术定义外，社会认知层面上对于"人才"内涵也长期没有一致的理解，主要有两类看法：一是认为人才即德才兼备的人。如《辞海》与《现代汉语辞海》皆持此种看法；二是认为人才应当自身具有能力，向外具有贡献。学术界对于人才的定义侧重于后者。袁川（2014）[55]认为学术界对于人才的外延尚需要更多的深入研究与探讨，认为人才的真正价值应当在当下的社会具体情境中体现，能够将创造性劳动作用于自然和社会并取得创造性成果，在某一领域、行业或社会的某个方面为社会发展和人类进步做出较大贡献。

在明确"人才"定义的基础上，人才培养的内涵得以探讨。从定义上讲，人才培养是以社会分工各职业、岗位为大体区分依据，针对社会不同类型与层级的人才进行选拔、教育和培训，培养其人文、科学素养、科学思维方法、获取知识能力、创新能力与动手能力等优秀科学品质，使其获得满足具体职业、岗位要求的成熟人才。学术界对于人才培养的具体发生时期具有两种不同的认知：一部分学者认为人才培养在时间范围上等同于教育，即包含一个人接受的所有教育，是一个长期、持久的过程；另外一种看法是高等教育直接连通基础教育与社会实践，毕业生在高校内完成对社会职务与岗位的素质准备，因此人才培养的任务主要由高校的教育教学与学生培养完成，这也是较为普遍接受的看法（盛欣，2015）[56]。具体而言，根据高等类型、人才培育目的的不同，人才培养可以有不同的侧重点，从而被区分为研究型、复合型（通识型）、应用型等多种类型（张秀琴等，2010）[57]。

人才培养作为高校的三大主要职能之一，与高校的其他职能如教学、科研等密切相关。高校的教学总的来讲是为人才培养服务，而科研则与教学紧密联系[58]。高等的发展理念与培养方式对于人才培养来说至关重要[59]，随着知识经济时代的到来，高校等科研单位应当有意识避免闭门造车，增加与外界的沟通与合作，在理念、方法、应用等多个方面与社会进行密切联系与交流，既有助于科研工作的进行，也更加符合人才培养的需要[60]。

第五节　教学质量研究综述

在高校中，人才培养职能的完成需要通过教学来落地与实现。教学是指以课程内容为中介的教师的教和学生的学的共同活动，教学是学校实现教育目的的基本途径[61]。在教学活动过程中，教师需要以教育目的与课程需求为导向，把知识、技能、技巧等知识性资源传授给学生，学生在教师指导下进行学习。教学不仅应当使学生掌握规定的教学内容，更应当有助于学生形成高尚的思想品德、积极的学习态度以及完整的世界观等（谢丹，2018）[62]。人才培养是专业学科建设、高校最终目标的职责范畴，与之相对应的，教学是为了向学生传授具体课程与知识内容，是高校内每个教师个体的责任。前者是集体目标，后者是个人目标（向俊杰和陈威，2020）[63]。

教学的效果需要通过教学质量的衡量进行观测与评价。从教学活动上来看，教学质量主要指教学活动中通过教师劳动影响其培养对象全面发展的水平，以及教学服务对象从教师教学工作中获益的程度，它包括教师个人的教学质量和作为教学组织的学校的整体教学质量（任颖，2006）[64]。从概念与定义上，教学质量是一个动态概念，随着人们观念的发展与时代的进步而不断变化（沈玉顺和陈玉琨，2002）[65]，目前在教育实践与教育理论中，教育界对于教学质量还没有形成普遍认可的统一定义。从理解角度的区别出发，大致有过程论、效果论与目标论三类看法。过程论强调教学应当满足学生、家长或社会需求与期望，而教学质量即是对于需求与期望的特征总和的满足程度[66]。效果论关注教学本身的效果与教学质量所反映出的教育价值，将教学质量看作教学效果的体现[67]。目标论以教学结果为最终导向，从教学结果是否符合教学目标以及符合程度的角度对教学质量进行定义，认为教育质量的高低即为教学完成后学生知识、能力与技能以及个人素质的提高程度与教学目标的符合程度[68]。

虽然学界对于教学质量的认知不一而足，对教学质量的理解包含过程、效果、目标等多重内涵，但以上观点并没有较大的本质区别，仅仅是从不同的角度对教学质量进行了描述，因此是相互关联，互为补充的。归根到底，目标达成和满足需要是高等教育教学质量标准的两大主要内容。目标达成指教学应当与希望达成的教育目标与预期结果水平，对于高校整体来说，也即人才培养目标与学科发展定位目标实现的程度；满足需要是指高校的教育应当为学生、家长、社会等学校"顾客"提供满足其知识需求与价值期望的教育内容与教育过程。只有以上两方面同时满足，才能实现高水平的教育教学（蔡红梅，2014）[69]。

基于以上对于教学与教学质量的理解，在对高校教师进行教学质量评估的过程中，应该考虑到教学目的与教学对象。对教学质量的评估过程即是对教学活动过程以及结果的价值判断过程（张玉田，2000）[70]，评估的目的在于使教师通过评估结果的反馈对于自身教学效果更加了解，从而明确学生需求，反思自身不足，确立改进方向，也能够为高校提供用以进行教育决策的信息，提高整体教育水平与服务质量，满足社会对于高校的价值期望（周冉，2020）[71]。

习近平总书记在论及教育发展时指出，我们应当扭转"唯分数、唯升学、唯文凭、唯论文、唯帽子"的错误教育评价导向，而这正是目前国内高校在进行教师绩效评估时普遍存在的问题。高校教师的身份固然具有两方面的职责，一是教学，一是科研。教学与教学资源为高校教师提供研究灵感与物质支撑，从而有力推动了高校内科研人员的成果产出。而这些产出可以反过来应用于教学（黄佳，2014）[72]，实现课程前沿化，内容丰富化，方法科学化，设施专业化，进一步又促进了教学质量的提高。科研创造知识，教学传播知识，这两者密不可分，互为依托，相辅相成。有研究给出明确的统计数据，指出我国高校的人才培养与科研之间存在显著的正相关关系，且相关程度有逐年提高的倾向（陆根书，2005）[73]。然而，在实际的高校教师绩效考评实践中，教学与科研之间不仅存在突出的失衡问题，而且严重脱节[74]，教学绩效评价与科研绩效评价独立存在，互不影响的情况在高校等科研单位里屡见不鲜。而在相互独立的两个评价体系之间，又普遍存在"重科研，轻教学"的现象，科研成果成为获得精神认同与物质奖励的硬指标，而相对应的教学回报却远远逊色（陈武元和曹荭蕾，2020）[75]。研究表明，科研能力越强的个体在将教育理念与教学实践良好结合时也会体现出更强的能力，且开展科研活动对教师自身的职业认同感有显著的促进作用（张艳萍和杨雪，2015）[76]，教师群体也普遍认为科研对于教学的促进作用大于教学对于科研的作用（刘献君，2010）[77]。换言之，科研能力的提高应当带来更好的教学质量与更饱满的教学热情，然而考核评价体系向科研的大幅度倾斜体现到行为上，就导致了在科研工作得到重视，科研成果层出不穷的同时，大量课程质量不高，教师成就感低，责任心弱，学生也并不能获得高质量的教育。

　　教学活动在定义上是教与学的结合，实质上是教师与学生的一种互动活动。学生是活动大多过程的直接观察者与感受者，其需求的满足程度也是衡量教学结果的重要维度之一（周双喜，2015）[78]。因此，学生应当作为对高校教师绩效评价的一个重要参考主体，其评价也应当作为获取教师绩效的一个重要途径（王欣等，2017）[79]。教育传递的知识来源于科研，也能为科研提供新的可用之才，实际上应当是"源"与"流"的关系。教育部的相关文件明确提出"强化科研支撑教学"的要求，支持将科研成果作为重要教学资源，鼓励教师将其成果与课堂教学有机结合[80]，从而提高教学水平与教学质量。

　　综上所述，高校对于科研成果评价与教学质量评价的统一，能够极大促进教学水平的提升。而评估制度是这个过程中的重要推动力。要统筹好科研与教学的关系，就应当在设计评价体系时克服"破五唯"的痼疾，将课题、论文等科研指标与教学完成度、学生评价等教师教学投入与质量指标有机结合，共同作为高校教师绩效评估的重要内容。

第三章
数据分析和人口统计学分析

第一节 问卷设计

本书对文献进行归纳,得到关于科研绩效评价关键词后对高校教师进行访谈,最后基于当前贵州省省属科研单位的绩效评价体系设计了本套问卷,收集方式采用的是网络问卷收集方法。传统调查问卷设计有六大原则,分别是合理性、一般性、逻辑性、明确性、非诱导性以及便于整理和分析。根据传统问卷与网络问卷的共性与差异,本书针对网络问卷的特殊性,将传统问卷的设计原则和网络问卷涉及的网络环境相融合,创新了其相关的设计理念。具体网络问卷设计原则如下。

一、合理性

合理性指的是问卷的内容设计必须体现调查主题。问卷的设计体现调查主题,其实质就是在问卷设计之初要找出与调查主题相关的要素并在设计中体现之。在网络环境下,调查者无法与参与者进行直接交流,问卷内容不能随着调查的进程作出调整,所以设计问卷时必须时刻牢记调查主题,充分挖掘主题要素,设计出全面体现调查主题的问题与答案。

二、一般性

一般性指的是问题的设计是否具有普遍意义。应该说，这是问卷设计的一个基本要求。因为问卷调查的期望就是通过获得的信息分析得出具有普遍意义的结论，所以问卷设计的一般性原则是十分重要的。特别当有人对网络调查持有不信任态度时，网络问卷设计一定要保证问题的普遍意义和较高水平，更要避免常识性的错误。否则，会导致参与者轻视设计者的水平，进而轻视问卷的填写，这不仅影响调查结果的准确可靠，而且不利于调查结果的分析整理，甚至会影响调查的正常进行。

三、逻辑性

逻辑性指的是网络问卷的设计要有整体感，也就是说问题之间要连贯，具有条理性、层次性。设计网络问卷时，通常将差异大的问题进行分块设置，这样能保证每个分块内的问题都密切相关，使参与者感到问题集中，提问有逻辑性。相反，假如问题比较分散，彼此之间联系松懈，逻辑关系含混不清，那么问卷就会给人以随意、不严谨的感觉，影响参与者的积极性和调查结果的真实准确。

四、明确性

明确性指的是问题设置的规范性，即问题是否准确、清晰，是否便于参与者做出明确的回答等。在网络环境下，由于参与者一个人面对问卷，他们无法询问不明确之处，所以一定要避免使用模糊性的词句。否则，不仅令参与者难以作答，更会造成有效信息的流失。

五、非诱导性

非诱导性指的是网络问卷中问题的设计要处在中立地位，不带偏见，不主观臆断，不做任何提示、暗示，始终将参与者的独立性与客观性摆在第一位。带有诱导性的问题或答案容易左右参与者的判断，这会直接导致收集的信息失真、数据虚假，严重影响调查结果。

六、便于整理和分析

便于整理和分析要求问卷收集来的数据、信息能够层次分明、归类清楚，从不同侧面对调查的问题给予说明。我们往往使用统计分析软件来统计网络问卷收集来的数据，所以在问卷设计之初必须考虑如何使结果便于进行统计分析。这就要求调查指标必须是能够且便于累加的，且指标的累加与相对数的计算是有意义的。

第二节　研究数据分析

一、数据收集过程

本书研究数据主要来源于贵州省省属高校在职教授、副教授、讲师等高校教师所填问卷，贴合研究主题与研究对象，能够较好地反映出研究对象的实际情况与基本特征。本书研究首先根据研究内容完成了对问卷的设计与修订，后通过网络发放方式，对以上科研事业单位内部科研人员进行调查，从 2020 年 12 月 20 日至 2021 年 1 月 3 日，共回收 565 份问卷，经过对调查结果的合理筛选，共得到543份有效问卷，问卷有效率96.1%。

二、样本基本特征

对问卷调查所得数据进行初步筛选与汇总，得到有效样本整体基本特征分布如表3-1所示。

表3-1 　　　　　　　　　　　　　　　**样本基本信息**

变量类别	基本特征	频率	百分比	变量类别	基本特征	频率	百分比
单位类别	一本	121	22.28%	工作年限	3年及以下	107	19.71%
	二本	138	25.42%		4~6年	129	23.76%
	大专	284	52.30%		7~9年	65	11.97%
性别	男	240	44.20%		9年以上	242	44.57%
	女	303	55.80%	工作岗位	行政人员	97	17.86%
年龄	小于30岁	119	21.92%		中级或以上管理人员	69	12.71%
	31~40岁	274	50.46%		辅导员/实验岗	40	7.37%
	41~50岁	94	17.31%		专业技术人员	337	62.06%
	大于50岁	56	10.31%	职称	初级职称	140	25.78%
学历	大专或以下	13	2.39%		中级职称	214	39.41%
	本科	236	43.46%		副高级职称	149	27.44%
	硕士	235	43.28%		高级职称	40	7.37%
	博士	59	10.87%				

通过对调查样本单位类别分布的分析可知，本研究样本中在大专中就职人员约占样本整体的五成，在一本与二本就职的科研人员数量较为平均。由此可知，本研究关注的对象为高等教育院校，且内部分布较为合理。另外，相对于高等教育的数量分布，本研究所获取的调查数据集中于具有较高教育水平与科研水平的，因此研究结果更加强调较高水平高校就职人员的绩效评价，符合当下关注精英教育的思想趋势与热点，

如图 3 - 1 所示。

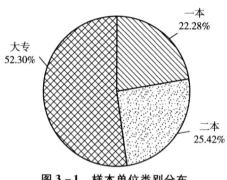

图 3 - 1　样本单位类别分布

通过分析调查样本的性别分布可知，样本的男女性别比例较为平均，差距在可接受范围之内。因此，本研究所获取的调查数据性别比例合理，贴近实际情况，能够客观反映实际总体对于省属高校绩效评价体系的看法，也能够就此数据对不同性别的看法差异进行可靠的分析，如图 3 - 2 所示。

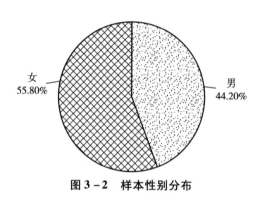

图 3 - 2　样本性别分布

通过分析调查样本的年龄分布可知，本研究的调查对象中占比最多的年龄段为 31～40 岁，其次为小于 30 岁的青年群体，即小于 40 岁的群体占比达到 72.38%。根据文献研究与数据反映，在高校等科研事业单位中，青年群体为科研与教学的主要力量，与数据反映的现象相符，因此本样本能够较好地反映省属高校中就职人员对绩效评价体系的看法，如图 3 - 3 所示。

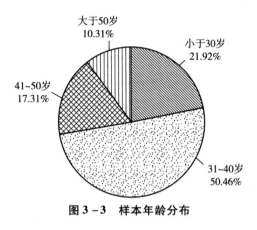

图 3 - 3 样本年龄分布

通过分析调查样本的学历分布可知，本研究中具有本科及硕士学历的受调查者共占比将近九成，具有博士学位的受调查者为 10.87％，而大专及以下学历占比仅有 2.39％。具有一定知识储备及较高文化水平是省属高校中就职人员的重要特征，因此本调查样本以高学历人才为主要构成符合客观实际，能够较好地反映研究对象的情况，如图 3 - 4 所示。

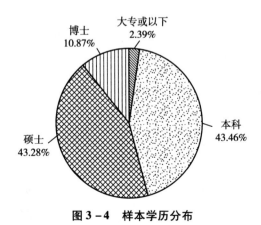

图 3 - 4 样本学历分布

通过分析调查样本的工作年限分布可知，本研究样本中具有九年以上工龄的群体占比超过四成，具有七年以上工龄的群体占比近六成，三年以下工龄的群体仅有两成。一方面，从事科研工作的人群往往具有专业度较高的知识与技能，对自身工作具有较高的忠诚度，普遍具有较长的工作年限，因此本研究样本从工作年限分布的角度符合实际情况。另一方面，具有较长工作年限的群体对绩效评价体系具有更深刻的认识与了解，样本中此类群体占比较多能够使调查数据更加客观与合理地反映实际情况，如图 3 - 5 所示。

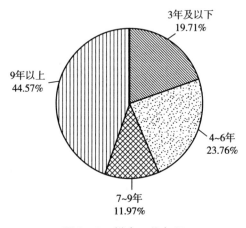

图 3 - 5　样本工作年限

通过分析调查样本的工作岗位分布可知，本研究样本中专业技术人员占比超过六成，从事行政、管理及实验岗等辅助教育岗位的群体占比约为四成。因此，本调查数据较为客观地符合高校内实际岗位分布情况，较为全面地体现研究对象对于绩效评价体系的看法，如图 3 - 6 所示。

通过分析调查样本的职称分布可知，本研究样本中少量具有高级职称的人员，其余初级、中级、副高级职称分布较为均衡，其中中级职称为最多。由此可见，本调查在符合高校内职称分布实际情况的基础上，对各级职称人员有较为全面的调查与了解，因此能够较为完整地保留各层面上对于绩效评估体系的评价信息，从而对整体情况有客观全面的反映，如图3-7所示。

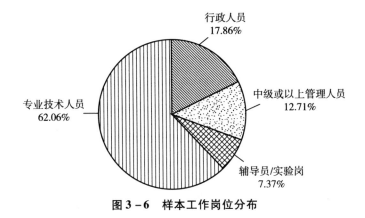

图3-6　样本工作岗位分布

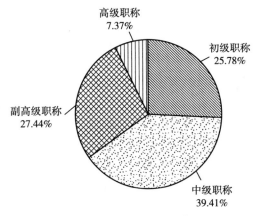

图3-7　样本职称分布

在对数据进行基本分布的分析之后，本书将运用SPSS 26.0对数据进行描述性统计，以检验数据是否符合进一步的结构方程分析要求。为便于软件运算，将具体题项进行编号，如表3-2所示。

表 3 - 2　　　　　　　　　　具体题项与对应编号

题项	分类	对应编号
17. 您认为作为指导教师指导学生获得科研奖励或荣誉在绩效考核中的重要程度为	科研成果	SP1
18. 您认为科研项目立项（厅级以上）在绩效考评中的重要程度为		SP2
19. 您认为非科研项目立项在绩效考评中的重要程度为		SP3
20. 您认为科研成果的转换率在绩效考评中的重要程度为		SP4
21. 您认为科研经费到账在绩效考评中的重要程度为		SP5
22. 您认为将学术论文发表的质量和数量作为绩效考核的主要依据，但并非唯一依据		SP6
23. 您认为将学术著作作为绩效考核的重要指标		SP7
24. 您认为科研成果获奖是工作绩效的重要体现		SP8
25. 您认为将学术会议的参与情况（需进行学术汇报）纳入绩效考核体系		SP9
38. 您认为科研合作成果在绩效考核中的重要程度为		SP10
9. 您认为将学生对课程的满意度评价纳入绩效考核的重要程度为	教学质量	TQ1
10. 您认为将所授课程的教学质量（挂科率）纳入绩效考核的重要程度为		TQ2
11. 您认为教学课时数（每学期）在绩效考评中的重要程度为		TQ3
12. 您认为学生对您所授课程的教学质量评价对您的绩效考核重要程度为		TQ4
34. 您认为教师对行政部门的满意度纳入行政科室绩效考核的重要程度为	行政满意度	AS1
35. 您认为学生对行政部门的满意度纳入行政科室绩效考核的重要程度为		AS2
26. 您认为工作论文（非正式发表）在绩效考核中的重要程度为	社会交流	SI1
27. 您认为媒体曝光度（参加相关节目）在绩效考评中的重要程度为		SI2
28. 您认为您在网络平台上关于科研项目的发言在绩效考评中的重要程度为		SI3

题项	分类	对应编号
29. 您认为运用新媒体（抖音、百度文库等）进行知识分享和教学资料共享在绩效考核中的重要程度为	社会交流	SI4
30. 您认为在非学术刊物上（报刊、网络平台等）发表学术观点或文章在绩效考核中的重要程度为		SI5
31. 您认为合作单位的认可度在绩效考评中的重要程度为		SI6
32. 您认为媒体正面评价在绩效考评中的重要程度为		SI7
36. 您认为进行访学交流等项目在绩效考核中的重要程度为		SI8
13. 您认为您所带学生的就业率在绩效考评中的重要程度为	人才培养	TC1
14. 您认为您所带学生的升学率在绩效考评中的重要程度为		TC2
15. 您认为您所带学生的结课成绩在对您的绩效考评中的重要程度为		TC3
16. 您认为所带学生获得奖学金、三好学生等荣誉在绩效考核中的重要程度为		TC4
33. 您认为对您所处的职称采取的绩效考核合理程度为	剔除项	Ee1
37. 您认为参加职业或学术培训在绩效考核中的重要程度为		Ee2
39. 您认为团队建设在绩效考核中的重要程度为		Ee3

将问卷收集得到的数据编好后导入 SPSS26.0 进行分析，结果如表 3－3 所示。

表 3－3   样本数据描述性统计

变量	最小值	最大值	均值	标准偏差	偏度		峰度	
					统计值	标准错误	统计值	标准错误
SP1	2	5	3.15	0.743	－0.654	0.105	0.278	0.209
SP2	2	5	3.08	0.782	－0.565	0.105	－0.092	0.209
SP3	2	5	2.83	0.775	－0.178	0.105	－0.456	0.209
SP4	2	5	3	0.787	－0.38	0.105	－0.403	0.209

变量	最小值	最大值	均值	标准偏差	偏度		峰度	
					统计值	标准错误	统计值	标准错误
SP5	2	5	2.81	0.842	−0.185	0.105	−0.665	0.209
SP6	2	5	2.99	0.786	−0.503	0.105	−0.066	0.209
SP7	2	5	2.85	0.804	−0.305	0.105	−0.381	0.209
SP8	2	5	2.94	0.789	−0.436	0.105	−0.162	0.209
SP9	2	5	2.73	0.839	−0.182	0.105	−0.571	0.209
SP10	2	5	2.95	0.718	−0.461	0.105	0.299	0.209
TQ1	2	5	3.37	0.717	−1.015	0.105	0.83	0.209
TQ2	2	5	2.78	0.92	−0.228	0.105	−0.842	0.209
TQ3	2	5	3.1	0.77	−0.669	0.105	0.253	0.209
TQ4	2	5	3.24	0.716	−0.789	0.105	0.657	0.209
AS1	2	5	3.2	0.718	−0.639	0.105	0.264	0.209
AS2	2	5	3.11	0.743	−0.593	0.105	0.188	0.209
SI1	2	5	2.69	0.82	−0.17	0.105	−0.485	0.209
SI2	2	5	2.43	0.904	0.06	0.105	−0.776	0.209
SI3	2	5	2.46	0.868	0.085	0.105	−0.657	0.209
SI4	2	5	2.63	0.864	−0.155	0.105	−0.62	0.209
SI5	2	5	2.55	0.818	0.046	0.105	−0.53	0.209
SI6	2	5	2.9	0.762	−0.423	0.105	−0.003	0.209
SI7	2	5	2.8	0.789	−0.341	0.105	−0.216	0.209
SI8	2	5	2.79	0.779	−0.224	0.105	−0.342	0.209
TC1	2	5	2.85	0.876	−0.375	0.105	−0.557	0.209
TC2	2	5	2.76	0.838	−0.231	0.105	−0.525	0.209
TC3	2	5	2.83	0.785	−0.3	0.105	−0.281	0.209
TC4	2	5	2.71	0.845	−0.157	0.105	−0.599	0.209
Ee1	2	5	2.79	0.719	−0.501	0.105	0.34	0.209

变量	最小值	最大值	均值	标准偏差	偏度		峰度	
					统计值	标准错误	统计值	标准错误
Ee2	2	5	2.92	0.731	-0.388	0.105	0.069	0.209
Ee3	2	5	3.15	0.724	-0.738	0.105	0.735	0.209

注：1. SP：科研成果；TQ：教学质量；AS：行政满意度；SI：社会交流；TC：人才培养；E：剔除项。

2. 为了区分本课题研究报告与所出版书籍之间的数据分析差异，因此，本研究报告采用不同于研究成果中出版书籍中的赋值标准，该研究报告在第三章中数据分析采用2，3，4，5的赋值标准，2是"非常不重要"，3是"比较不重要"，4是"比较重要"，5是"非常重要"。

根据数据分析结果，所有变量的样本均值均在4左右，且绝大多数变量偏度与峰度绝对值均小于1。因此，样本数据基本符合正态分布，能够满足结构方程对于数据的分析要求。

第三节　人口统计学分析

一、正态性检验

在对数据进行基本分析之后，将运用 SPSS 26.0 对数据进行描述性分析，已检验数据是否符合结构方程的分析要求，结果如表3-4所示。

表3-4　　　　　　　　各评价维度偏度及峰度

评价维度	偏度	偏度标准误差	峰度	峰度标准误差
科研成果	-0.428	0.105	0.706	0.209
教学质量	-0.591	0.105	0.688	0.209
行政满意度	-0.558	0.105	0.375	0.209
社会交流	0.067	0.105	-0.085	0.209
人才培养	-0.182	0.105	-0.231	0.209

通过将收集的数据带入 SPSS26.0 分析之后，我们可以看出大多数数据偏、峰度绝对值都小于1，由此可知，样本数据基本符合正态分布，能够满足结构方程分析对数据的要求，结果如图3-8至图3-12所示。

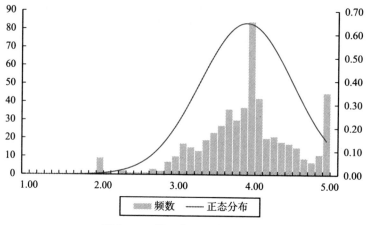

图3-8　科研成果正态分布图

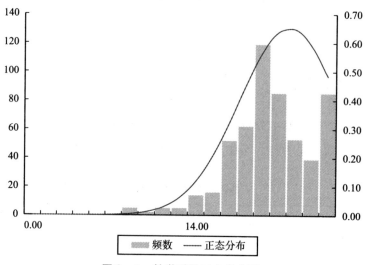

图3-9　教学质量正态分布图

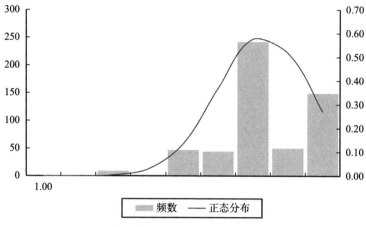

图3-10 行政满意度正态分布图

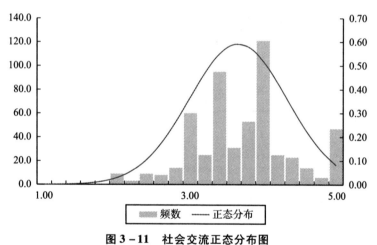

图3-11 社会交流正态分布图

二、独立样本检验

（一）单位类别独立样本检验

1. 科研成果单位类别独立样本检验

运用 SPSS26.0 对科研成果绩效评价重要性分布在单位类别的类别中

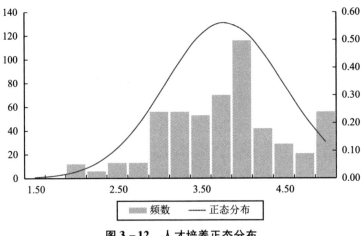

图 3 - 12　人才培养正态分布

进行独立样本检验，以检验科研成果在一本、二本、大专绩效评价差异的显著性，其结果如表 3 - 5 至表 3 - 8 所示。

表 3 - 5　　　　　　　　　　假设检验摘要

原假设	检验	显著性	决策
在单位类别的类别中，科研成果的分布相同	独立样本克鲁斯卡尔－沃利斯检验	0.035	拒绝原假设

注：显示了渐进显著性。显著性水平为 0.050。

表 3 - 6　　　　　　　独立样本克鲁斯卡尔－沃利斯检验摘要

总计 N	543
检验统计	6.682[a]
自由度	2
渐进显著性（双侧检验）	0.035

注：a. 检验统计将针对绑定值进行调整。

表 3 - 7　　　　　　　　　　　　　单位类别的成对比较

Sample 1 - Sample 2	检验统计	标准误差	标准检验统计	显著性	Adj. 显著性[a]
二本——本	- 9.768	19.481	- 0.501	0.616	1.000
二本—大专	38.643	16.231	2.381	0.017	0.052
一本—大专	28.875	16.981	1.700	0.089	0.267

注：每行都检验"样本 1 与样本 2 的分布相同"这一原假设。

显示了渐进显著性（双侧检验）。显著性水平为 0.05。

a. 已针对多项检验通过 Bonferroni 校正法调整显著性值。

通过上述独立样本克鲁斯卡尔 - 沃利斯检验可知，科研成果绩效评价在不同的单位类别中分布相同的假设方差相等的显著性为 0.035，小于 0.05，则能够拒绝原假设，即在单位类别的区分下，对科研成果的绩效评价有较大差异。具体来说，在单位类别的成对比较中显示，由假设二本与一本、二本与大专和一本与大专之间假设对于绩效评价的重要程度相等时的独立样本显著性分别为 0.616、0.017 和 0.089，其中 0.616 和 0.089 均大于 0.05，保留原假设，其余一组均拒绝原假设。表明二本与一本，一本与大专相比较，二者群体对应的科研成果绩效评价分布是相同的；二本与大专相比较，二者群体对应的科研成果绩效评价分布有较大差异。

通过上述分析，从图 3 - 13 可知，在大专当中，在将科研成果作为绩效评价的重要性程度中，主要都集中在 2.50 ~ 3.00 之间，其中 3.00 与 4.00 都相对占比较大，总体上呈现出近似左偏正态分布的趋势，平均值为 3.02，大于 2.50。表明在大专中较多教职工认为科研成果在绩效评价中重要性较高。从图 3 - 14 可知，在二本当中，在将科研成果作为绩效评价的重要性程度中，主要集中在 2.60 ~ 3.40 之间，其中 3.00 占比最多，总体上呈现出近似左偏正态分布的趋势，平均值为 2.80，大于 2.50。表明在二本中较多教职工认为科研成果在绩效评价中重要性

较高。从图 3 – 15 可知，在一本当中，在将科研成果作为绩效评价的
重要性程度中，主要都集中在 2.50 ~ 3.50 之间，其中 2.70 与 3.50
都相对占比较大，总体上呈现出近似正态分布的趋势，平均值为
2.89，大于 2.50。表明在一本中较多教职工认为科研成果在绩效评价
中重要性较高。

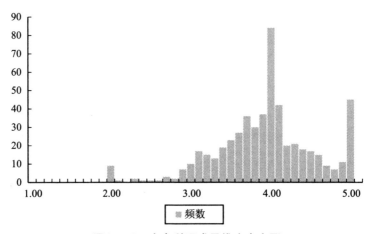

图 3 – 13　大专科研成果维度直方图

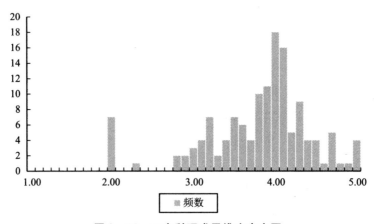

图 3 – 14　二本科研成果维度直方图

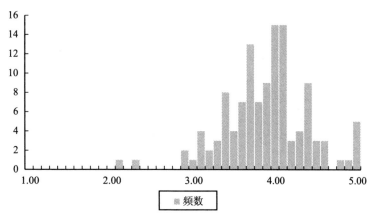

图 3 – 15　一本科研成果维度直方图

表 3 – 8　　　　　　　科研成果评分的单位类别分类描述性统计

单位类别		描述信息	统计
科研成果	大专	平均值	3.0155
		中位数	4.0000
		方差	0.394
		标准偏差	0.62806
		最小值	1.00
		最大值	4.00
		偏度	– 0.203
		峰度	– 0.091
	二本	平均值	2.7986
		中位数	3.9000
		方差	0.426
		标准偏差	0.65279
		最小值	1.00
		最大值	4.00
		偏度	– 0.929
		峰度	1.209

续表

单位类别		描述信息	统计
科研成果	一本	平均值	2.8926
		中位数	3.9000
		方差	0.262
		标准偏差	0.51156
		最小值	1.10
		最大值	4.00
		偏度	-0.331
		峰度	1.213

2. 教学质量单位类别独立样本检验

运用 SPSS26.0 对教学质量绩效评价重要性分布在单位类别的类别中进行独立样本检验，以检验教学质量在一本、二本、大专绩效评价差异的显著性，其结果如表 3-9 至表 3-11 所示。

表 3-9　　　　　　　　　假设检验摘要

原假设	检验	显著性	决策
在单位类别的类别中，教学质量的分布相同	独立样本克鲁斯卡尔-沃利斯检验	0.000	拒绝原假设

注：显示了渐进显著性。显著性水平为 0.050。

表 3-10　　　　　　独立样本克鲁斯卡尔-沃利斯检验摘要

总计 N	543
检验统计	17.084[a]
自由度	2
渐进显著性（双侧检验）	0.000

注：a. 检验统计将针对绑定值进行调整。

表 3 – 11 单位类别的成对比较

Sample 1 – Sample 2	检验统计	标准误差	标准检验统计	显著性	Adj. 显著性[a]
二本——本	– 1.624	19.325	– 0.084	0.933	1.000
二本—大专	57.000	16.101	3.540	0.000	0.001
一本—大专	55.375	16.845	3.287	0.001	0.003

注：每行都检验"样本 1 与样本 2 的分布相同"这一原假设。

显示了渐进显著性（双侧检验）。显著性水平为 0.05。

a. 已针对多项检验通过 Bonferroni 校正法调整显著性值。

通过上述独立样本克鲁斯卡尔 – 沃利斯检验可知，教学质量绩效评价在不同的单位类别中分布相同的假设方差相等的显著性为 0.000，小于 0.05，则能够拒绝原假设，即在单位类别的区分下，对教学质量的绩效评价有较大差异。具体来说，在单位类别的成对比较中显示，由假设二本与一本、二本与大专和一本与大专之间假设对于绩效评价的重要程度相等时的独立样本显著性分别为 0.933、0.000 和 0.001，其中只有 0.933 大于 0.05，保留原假设，其余两组均拒绝原假设。表明二本与一本相比较，二者群体对应的教学质量绩效评价分布是相同的；二本与大专相比较，二者群体对应的教学质量绩效评价分布有较大差异；一本与大专相比较，二者群体对应的教学质量绩效评价分布同样有较大差异。

通过上述分析，从图 3 – 16 可知，在大专当中，在将教学质量作为绩效评价的重要性程度中，主要都集中在 2.50 ~ 4.00 之间，其中 3.00 与 4.00 都相对占比较大，总体上呈现出近似左偏正态分布的趋势，平均值为 3.24，大于 2.50。表明在大专中较多教职工认为教学质量在绩效评价中重要性较高。从图 3 – 17 可知，在二本当中，在将教学质量作为绩效评价的重要性程度中，主要都集中在 2.50 ~ 3.50 之间，其中 3.00 与 3.30 都相对占比较大，总体上呈现出近似左偏正态分布的趋势，平均值为 2.98，大于 2.50。表明在二本中较多教职工认为教学质量在绩效评价中重要性较高。从图 3 – 18 可知，在一本当中，在将教学质量作为绩效评价的重要性程度中，主要都集中在 2.50 ~ 3.50 之间，其中 2.50 ~ 3.50 都相对占比较大，总体上呈现出近似左偏正态分布的趋势，平均值为 3.03，大于 2.50。表明在一本中较多教职工认为教学质量在绩效评价中重要性较高。从表 3 - 12 可知，大专的峰度和偏度绝对值都小于 1，在三者中最近似符合正态分布。

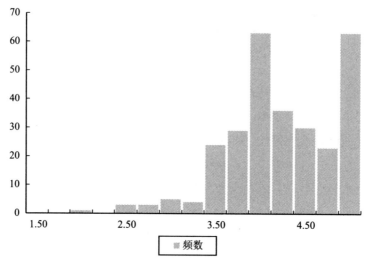

图 3 - 16　大专教学质量维度直方图

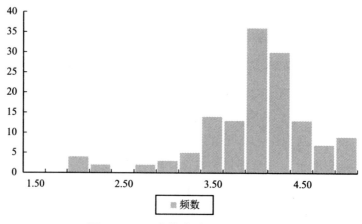

图 3 - 17　二本教学质量维度直方图

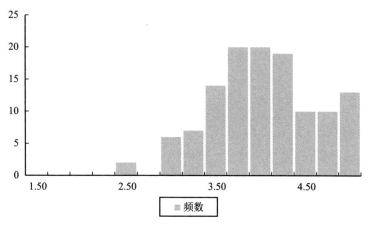

图 3-18　一本教学质量维度直方图

表 3-12　　　　　　　教学质量评分的单位类别分类描述性统计

单位类别		描述信息	统计	标准误差
科研成果	大专	平均值	3.2350	0.03536
		方差	0.355	
		标准偏差	0.59592	
		最小值	1.00	
		最大值	4.00	
		偏度	-0.532	0.145
		峰度	0.238	0.288
	二本	平均值	2.9801	0.05314
		方差	0.390	
		标准偏差	0.62422	
		最小值	1.00	
		最大值	4.00	
		偏度	-1.110	0.206
		峰度	2.069	0.410

单位类别		描述信息	统计	标准误差
科研成果	一本	平均值	3.0331	0.05338
		方差	0.345	
		标准偏差	0.58714	
		最小值	1.50	
		最大值	4.00	
		偏度	-0.130	0.220
		峰度	-0.401	0.437

3. 行政满意度单位类别独立样本检验

运用 SPSS26.0 对行政满意度绩效评价重要性分布在单位类别的类别中进行独立样本检验，以检验行政满意度在一本、二本、大专绩效评价差异的显著性，其结果如表 3 – 13 和表 3 – 14 所示。

表 3 – 13　　　　　　　　　　假设检验摘要

原假设	检验	显著性	决策
在单位类别的类别中，行政满意度的分布相同	独立样本克鲁斯卡尔 – 沃利斯检验	0.246	拒绝原假设

注：显示了渐进显著性。显著性水平为 0.050。

表 3 – 14　　　　　独立样本克鲁斯卡尔 – 沃利斯检验摘要

总计 N	543
检验统计	2.806[a,b]
自由度	2
渐进显著性（双侧检验）	0.246

注：a. 检验统计将针对绑定值进行调整。

b. 由于总体检验未检测出样本间存在显著差异，因此未执行多重比较。

通过上述独立样本克鲁斯卡尔－沃利斯检验可知，行政满意度绩效评价在不同的单位类别中分布相同的假设方差相等的显著性为 0.246，大于 0.05，则能够接受原假设，即在单位类别的区分下，对行政满意度的绩效评价无较大差异。

通过上述分析，从图 3－19 可知，在大专当中，在将行政满意度作为绩效评价的重要性程度中，主要都集中在 3.00 左右，其中 3.00 与 4.00 都相对占比较大，总体上呈现出近似左偏正态分布的趋势，平均值为 3.20，大于 2.50。表明在大专中较多教职工认为行政满意度在绩效评价中重要性较高。从图 3－20 可知，在二本当中，在将行政满意度作为绩效评价的重要性程度中，主要都集中在 3.00 左右，其中 3.00 与 4.00 都相对占比较大，总体上呈现出近似左偏正态分布的趋势，平均值为 3.11，大于 2.50。表明在二本中较多教职工认为行政满意度在绩效评价中重要性较高。从图 3－21 可知，在一本当中，在将行政满意度作为绩效评价的重要性程度中，主要都集中在 3.00 左右，其中 3.00 与 4.00 都相对占比较大，总体上呈现出近似左偏正态分布的趋势，平均值为 3.10，大于 2.50。表明在一本中较多教职工认为行政满意度在绩效评价中重要性较高。从表 3－15 可知，大专、二本、一本的峰度和偏度绝对值都小于 1，三者都近似符合正态分布。

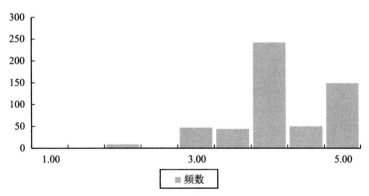

图 3－19　大专行政满意度维度直方图

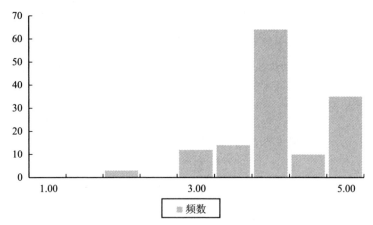

图 3 - 20　二本行政满意度维度直方图

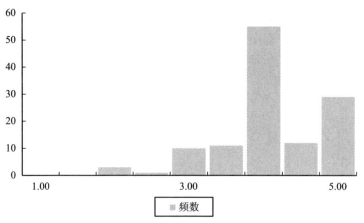

图 3 - 21　一本行政满意度维度直方图

表 3 - 15　　　　行政满意度评分的单位类别分类描述性统计

单位类别		描述信息	统计	标准误差
行政满意度	大专	平均值	3.2007	0.03937
		方差	0.440	
		标准偏差	0.66343	
		最小值	1.00	
		最大值	4.00	
		偏度	- 0.531	0.145
		峰度	0.143	0.288

单位类别		描述信息	统计	标准误差
行政满意度	二本	平均值	3.1087	0.05789
		方差	0.463	
		标准偏差	0.68011	
		最小值	1.00	
		最大值	4.00	
		偏度	-0.526	0.206
		峰度	0.558	0.410
	一本	平均值	3.0992	0.06310
		方差	0.482	
		标准偏差	0.69408	
		最小值	1.00	
		最大值	4.00	
		偏度	-0.648	0.220
		峰度	0.707	0.437

4. 社会交流单位类别独立样本检验

运用 SPSS26.0 对社会交流绩效评价重要性分布在单位类别的类别中进行独立样本检验，以检验社会交流在一本、二本、大专绩效评价差异的显著性，其结果如表 3 – 16 至表 3 – 18 所示。

表 3 – 16　　　　　　　　　　假设检验摘要

原假设	检验	显著性	决策
在单位类别的类别中，社会交往的分布相同	独立样本克鲁斯卡尔 – 沃利斯检验	0.000	拒绝原假设

注：显示了渐进显著性。显著性水平为 0.050。

表 3 – 17   独立样本克鲁斯卡尔 – 沃利斯检验摘要

总计 N	543
检验统计	17. 939[a]
自由度	2
渐进显著性（双侧检验）	0. 000

注：a. 检验统计将针对绑定值进行调整。

表 3 – 18   单位类别的成对比较

Sample 1 – Sample 2	检验统计	标准误差	标准检验统计	显著性	Adj. 显著性[a]
二本——本	3. 770	19. 461	0. 194	0. 846	1. 000
二本—大专	58. 814	16. 964	3. 467	0. 001	0. 002
一本—大专	55. 044	16. 215	3. 395	0. 001	0. 002

注：每行都检验"样本 1 与样本 2 的分布相同"这一原假设。
显示了渐进显著性（双侧检验）。显著性水平为 0.05。
a. 已针对多项检验通过 Bonferroni 校正法调整显著性值。

通过上述独立样本克鲁斯卡尔 – 沃利斯检验可知，社会交流绩效评价在不同的单位类别中分布相同的假设方差相等的显著性为 0. 000，小于 0.05，则能够拒绝原假设，即在单位类别的区分下，对社会交流的绩效评价有较大差异。具体来说，在单位类别的成对比较中显示，由假设一本与二本、一本与大专和二本与大专之间假设对于绩效评价的重要程度相等时的独立样本显著性分别为 0. 846、0. 001 和 0. 001，其中只有 0. 846 大于 0.05，保留原假设，其余两组均拒绝原假设。表明一本与二本相比较，二者群体对应的社会交流绩效评价分布是相同的；一本与大专相比较，二者群体对应的社会交流绩效评价分布有较大差异；二本与大专相比较，二者群体对应的科研成果绩效评价分布有较大差异。

　　从图 3 - 22 可知，在大专当中，在将社会交流作为绩效评价的重要性程度中，主要都集中在 2.00 ~ 3.50 之间，其中 2.00 与 4.00 都相对占比较大，总体上呈现出近似左偏正态分布的趋势，平均值为 2.78，大于 2.50。表明在大专中较多教职工认为社会交流在绩效评价中重要性较高。从图 3 - 23 可知，在二本当中，在将社会交流作为绩效评价的重要性程度中，主要都集中在 2.00 ~ 3.00 之间，其中 2.50 与 3.00 都相对占比较大，总体上呈现出近似左偏正态分布的趋势，平均值为 2.52，大于 2.50。表明在二本中较多教职工认为社会交流在绩效评价中重要性较高。从图 3 - 24 可知，在一本当中，在将社会交流作为绩效评价的重要性程度中，主要都集中在 2.00 ~ 3.00 之间，其中 2.00 ~ 2.50 相对占比较大，总体上呈现出近似左偏正态分布的趋势，平均值为 2.52，大于 2.50。表明在一本中较多教职工认为社会交流在绩效评价中重要性较高。从表 3 - 19 可知，大专和一本的峰度和偏度绝对值都小于 1，在三者中最近似符合正态分布。

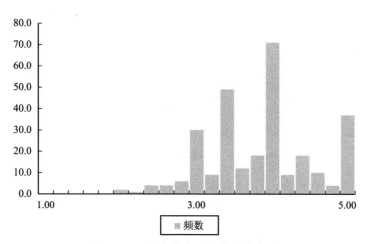

图 3 - 22　大专社会交流维度直方图

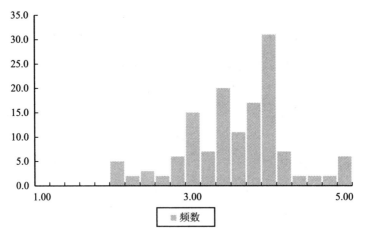

图 3 - 23　二本社会交流维度直方图

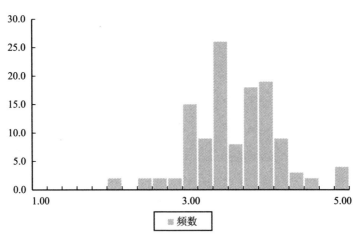

图 3 - 24　一本社会交流维度直方图

表 3 - 19　　　　　　社会交流评分的单位类别分类描述性统计

单位类别		描述信息	统计	标准误差
社会交流	大专	平均值	2.7843	0.04156
		方差	0.490	
		标准偏差	0.70033	

单位类别		描述信息	统计	标准误差
社会交流	大专	最小值	1.00	
		最大值	4.00	
		偏度	0.042	0.145
		峰度	−0.496	0.288
	二本	平均值	2.5154	0.05673
		方差	0.444	
		标准偏差	0.66642	
		最小值	1.00	
		最大值	4.00	
		偏度	−0.160	0.206
		峰度	0.214	0.410
	一本	平均值	2.5191	0.05102
		方差	0.315	
		标准偏差	0.56126	
		最小值	1.00	
		最大值	4.00	
		偏度	0.075	0.220
		峰度	0.699	0.437

5. 人才培养单位类别独立样本检验

运用 SPSS26.0 对人才培养绩效评价重要性分布在单位类别的类别中进行独立样本检验，以检验人才培养成果在一本、二本、大专绩效评价差异的显著性，其结果如表 3 – 20 至表 3 – 22 所示。

表 3 - 20   假设检验摘要

原假设	检验	显著性	决策
在单位类别的类别中，人才培养的分布相同	独立样本克鲁斯卡尔 - 沃利斯检验	0.000	拒绝原假设

注：显示了渐进显著性。显著性水平为 0.05。

表 3 - 21   独立样本克鲁斯卡尔 - 沃利斯检验摘要

总计 N	543
检验统计	21.471[a]
自由度	2
渐进显著性（双侧检验）	0.000

注：a. 检验统计将针对绑定值进行调整。

表 3 - 22   单位类别的成对比较

Sample 1 - Sample 2	检验统计	标准误差	标准检验统计	显著性	Adj. 显著性[a]
二本——本	- 7.264	19.375	- 0.375	0.708	1.000
二本—大专	65.127	16.143	4.034	0.000	0.000
一本—大专	57.863	16.889	3.426	0.001	0.002

注：每行都检验"样本 1 与样本 2 的分布相同"这一原假设。
显示了渐进显著性（双侧检验）。显著性水平为 0.05。
a. 已针对多项检验通过 Bonferroni 校正法调整显著性值。

通过上述独立样本克鲁斯卡尔 - 沃利斯检验可知，人才培养绩效评价在不同的单位类别中分布相同的假设方差相等的显著性为 0.000，小于 0.05，则能够拒绝原假设，即在单位类别的区分下，对人才培养的绩效评价有较大差异。具体来说，在单位类别的成对比较中显示，由假设二本与一本、二本与大专和一本与大专之间假设对于绩效评价的重要程度相等时的独立样本显著性分别为 0.708、0.000 和 0.001，其中只有 0.708 大于 0.05，保留原假设，其余两组均拒绝原假设。表明二本与一本相比较，二者群体对应的人才培养绩效评价分布是相同的；二本与一本相比较，二者群体对应的人才培养绩效评价分布有较大差异；一本与大专相比较，二者群体对应的科研成果绩效分布有较大的差异。

从图3-25可知，在大专当中，在将人才培养作为绩效评价的重要性程度中，主要都集中在2.50~3.50之间，其中3.00与4.00都相对占比较大，总体上呈现出近似左偏正态分布的趋势，平均值为2.92，大于2.50。表明在大专中较多教职工认为人才培养在绩效评价中重要性较高。从图3-26可知，在二本当中，在将人才培养作为绩效评价的重要性程度中，主要都集中在2.00~3.00之间，其中2.00与3.00都相对占比较大，总体上呈现出近似左偏正态分布的趋势，平均值为2.61，大于2.50。表明在二本中较多教职工认为人才培养在绩效评价中重要性较高。从图3-27可知，在大专当中，在将人才培养作为绩效评价的重要性程度中，主要都集中在2.00~3.00之间，其中2.50与3.00都相对占比较大，总体上呈现出近似左偏正态分布的趋势，平均值为2.67，大于2.50。表明在一本中较多教职工认为人才培养在绩效评价中重要性较高。从表3-23可知，大专、二本、一本的峰度和偏度绝对值都小于1，都近似符合正态分布。

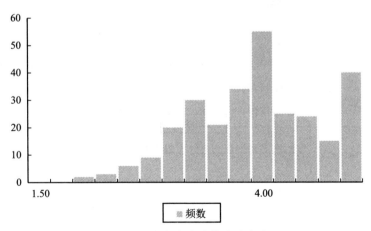

图3-25　大专人才培养维度直方图

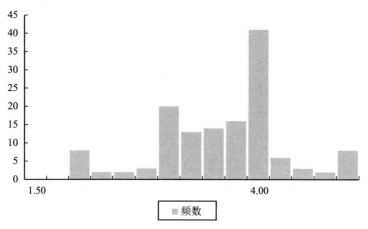

图 3 – 26   二本人才培养维度直方图

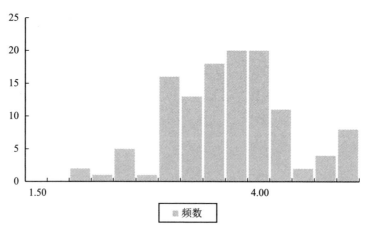

图 3 – 27   一本人才培养维度直方图

表 3 – 23 人才培养评分的单位类别分类描述性统计

单位类别		描述信息	统计	标准误差
人才培养	大专	平均值	3.9243	0.04224
		方差	0.507	
		标准偏差	0.71177	

单位类别		描述信息	统计	标准误差
人才培养	大专	最小值	2.00	
		最大值	5.00	
		偏度	−0.230	0.145
		峰度	−0.532	0.288
	二本	平均值	3.6051	0.05991
		方差	0.495	
		标准偏差	0.70375	
		最小值	2.00	
		最大值	5.00	
		偏度	−0.353	0.206
		峰度	0.198	0.410
	一本	平均值	3.6736	0.05954
		方差	0.429	
		标准偏差	0.65498	
		最小值	2.00	
		最大值	5.00	
		偏度	0.015	0.220
		峰度	0.077	0.437

（二）性别独立样本检验

1. 科研成果性别独立样本检验

运用 SPSS26.0 对科研成果绩效评价重要性分布在性别的类别中进行独立样本检验，以检验科研成果在男性与女性中绩效评价差异的显著性，其结果如表 3-24 和表 3-25 所示。

表 3 - 24   假设检验摘要

原假设	检验	显著性	决策
在性别的类别中，科研成果的分布相同	独立样本曼－惠特尼 U 检验	0.001	拒绝原假设

注：显示了渐进显著性。显著性水平为 0.05。

表 3 - 25   独立样本曼－惠特尼 U 检验摘要

总计 N	543
曼－惠特尼 U	30589.500
威尔科克森 W	76645.500
检验统计	30589.500[a]
标准误差	1810.175
标准化检验统计	－ 3.188
渐进显著性（双侧检验）	0.001

注：a. 检验统计将针对绑定值进行调整。

通过上述独立样本曼－惠特尼 U 检验可知，科研成果绩效评价在不同的性别类别中分布相同的假设方差相等的显著性为 0.001，小于 0.05，则能够拒绝原假设，即在性别类别的区分下，对科研成果的绩效评价有较大差异。

通过上述分析可知，从图 3 - 28 可知，在男性当中，在将科研成果作为绩效评价的重要性程度中，主要都集中在 2.50～3.50 之间，其中 3.00 与 4.00 都相对占比较大，总体上呈现出近似左偏正态分布的趋势，平均值为 3.04，大于 2.50。表明较多男性教职工认为科研成果在绩效评价中重要性较高。从图 3 - 29 可知，在女性当中，在将科研成果作为绩效评价的重要性程度中，主要都集中在 2.50～3.00 之间，其中 3.00 相对占比较大，总体上呈现出近似左偏正态分布的趋势，平均值为 2.85，大于 2.50。表明较多女性教职工认为科研成果在绩效评价中重要性较高。从表 3 - 26 可知，男性与女性的峰度和偏度绝对值都小于 1，近似符合正态分布。

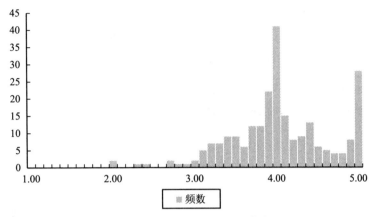

图 3－28 男性科研成果维度直方图

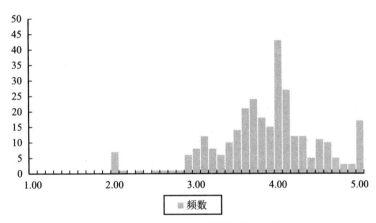

图 3－29 女性科研成果维度直方图

表 3－26　　　　　　科研成果评分的性别分类描述性统计表

性别		描述信息	统计	标准误差
科研成果	男性	平均值	3.0354	0.03895
		方差	0.364	
		标准偏差	0.60344	
		最小值	1.00	
		最大值	4.00	
		偏度	− 0.327	0.157
		峰度	0.425	0.313

续表

性别		描述信息	统计	标准误差
科研成果	女性	平均值	2.8518	0.03537
		方差	0.379	
		标准偏差	0.61573	
		最小值	1.00	
		最大值	4.00	
		偏度	−0.516	0.140
		峰度	0.883	0.279

2. 教学质量性别独立样本检验

运用 SPSS26.0 对教学质量绩效评价重要性分布在性别的类别中进行独立样本检验，以检验教学质量在男性与女性中绩效评价差异的显著性，其结果如表 3 – 27 和表 3 – 28 所示。

表 3 – 27　　　　　　　　　　　假设检验摘要

原假设	检验	显著性	决策
在性别的类别中，教学质量的分布相同	独立样本曼 – 惠特尼 U 检验	0.051	保留原假设

注：显示了渐进显著性。显著性水平为 0.05。

表 3 – 28　　　　　　　　独立样本曼 – 惠特尼 U 检验摘要

总计 N	543
曼 – 惠特尼 U	32861.500
威尔科克森 W	78917.500
检验统计	32861.500[a]
标准误差	1795.641
标准化检验统计	−1.948
渐进显著性（双侧检验）	0.051

注：a. 检验统计将针对绑定值进行调整。

通过上述独立样本曼－惠特尼 U 检验可知，教学质量绩效评价在不同的性别类别中分布相同的假设方差相等的显著性为 0.051，大于 0.05，则能够接受原假设，即在性别类别的区分下，对教学质量的绩效评价无较大差异。

通过上述分析，从图 3－30 可知，在男性当中，在将教学质量作为绩效评价的重要性程度中，主要都集中在 2.50～4.00 之间，其中 3.00 与 4.00 都相对占比较大，总体上呈现出近似左偏正态分布的趋势，平均值为 3.20，大于 2.50。表明较多男性教职工认为教学质量在绩效评价中重要性较高。从图 3－31 可知，在女性当中，在将教学质量作为绩效评价的重要性程度中，主要都集中在 2.50～4.00 之间，其中 3.00 与 4.00 都相对占比较大，总体上呈现出近似左偏正态分布的趋势，平均值为 3.07，大于 2.50。表明较多女性教职工认为教学质量在绩效评价中重要性较高。从表 3－29 可知，男性与女性的峰度和偏度绝对值都小于 1，近似符合正态分布。

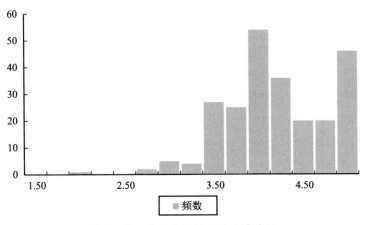

图 3－30　男性教学质量维度直方图

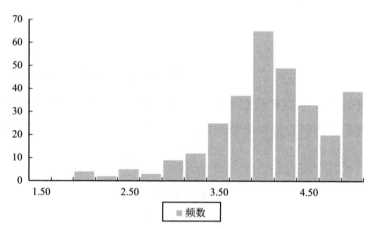

图3-31 女性教学质量维度直方图

表3-29 教学质量评分的性别分类描述性统计

性别		描述信息	统计	标准误差
教学质量	男性	平均值	3.1990	0.03680
		方差	0.325	
		标准偏差	0.57013	
		最小值	1.00	
		最大值	4.00	
		偏度	-0.299	0.157
		峰度	-0.022	0.313
	女性	平均值	3.0668	0.03660
		方差	0.406	
		标准偏差	0.63711	
		最小值	1.00	
		最大值	4.00	
		偏度	-0.716	0.140
		峰度	0.845	0.279

3. 行政满意度性别独立样本检验

运用SPSS26.0对行政满意度绩效评价重要性分布在性别类别中进行独立样本检验,以检验行政满意度在男性与女性中绩效评价差异的显著性,其结果如表3-30和表3-31所示。

表3-30　　　　　　　　　假设检验摘要

原假设	检验	显著性	决策
在性别的类别中,行政满意度的分布相同	独立样本曼-惠特尼U检验	0.148	保留原假设

注:显示了渐进显著性。显著性水平为0.05。

表3-31　　　　　　　　独立样本曼-惠特尼U检验摘要

总计N	543
曼-惠特尼U	33881.500
威尔科克森W	79937.500
检验统计	33881.500[a]
标准误差	1711.793
标准化检验统计	-1.448
渐进显著性(双侧检验)	0.148

注:a. 检验统计将针对绑定值进行调整。

通过上述独立样本曼-惠特尼U检验可知,行政满意度绩效评价在不同的性别类别中分布相同的假设方差相等的显著性为0.148,大于0.05,则能够接受原假设,即在性别类别的区分下,对行政满意度的绩效评价无较大差异。

从图3-32可知,在男性当中,在将行政满意度作为绩效评价的重要性程度中,主要都集中在3.00~4.00之间,其中3.00与4.00都相对占比较大,总体上呈现出近似左偏正态分布的趋势,平均值为3.20,大于

2.50。表明较多男性教职工认为行政满意度在绩效评价中重要性较高。从图3－33可知，在女性当中，在将行政满意度作为绩效评价的重要性程度中，主要都集中在3.00～4.00之间，其中3.00与4.00都相对占比较大，总体上呈现出近似左偏正态分布的趋势，平均值为3.12，大于2.50。表明较多女性教职工认为行政满意度在绩效评价中重要性较高。从表3－32可知，男性与女性的峰度和偏度绝对值都小于1，近似符合正态分布。

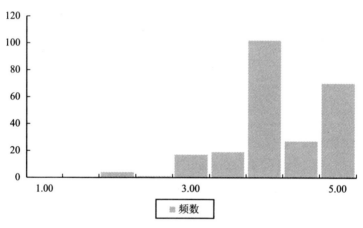

图3－32　男性行政满意度维度直方图

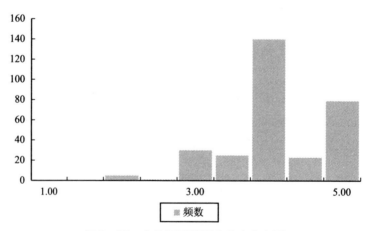

图3－33　女性行政满意度维度直方图

表 3 – 32　　　　　　　**行政满意度评分的性别分类描述性统计**

性别		描述信息	统计	标准误差
行政满意度	男性	平均值	3.1979	0.04326
		方差	0.449	
		标准偏差	0.67019	
		最小值	1.00	
		最大值	4.00	
		偏度	− 0.658	0.157
		峰度	0.589	0.313
	女性	平均值	3.1205	0.03895
		方差	0.460	
		标准偏差	0.67807	
		最小值	1.00	
		最大值	4.00	
		偏度	− 0.485	0.140
		峰度	0.273	0.279

4. 社会交流性别独立样本检验

运用 SPSS26.0 对社会交流绩效评价重要性分布在性别类别中进行独立样本检验，以检验社会交流在男性与女性中绩效评价差异的显著性，其结果如表 3 – 33 和表 3 – 34 所示。

表 3 – 33　　　　　　　　　**假设检验摘要**

原假设	检验	显著性	决策
在性别的类别中，社会交流的分布相同	独立样本曼 – 惠特尼 U 检验	0.001	拒绝原假设

注：显示了渐进显著性。显著性水平为 0.05。

表 3 - 34　　　　　　　　独立样本曼 - 惠特尼 U 检验摘要

总计 N	543
曼 - 惠特尼 U	30162.000
威尔科克森 W	76218.000
检验统计	30162.000[a]
标准误差	1808.341
标准化检验统计	- 3.427
渐进显著性（双侧检验）	0.001

注：a. 检验统计将针对绑定值进行调整。

通过上述独立样本曼 - 惠特尼 U 检验可知，社会交流绩效评价在不同的性别类别中分布相同的假设方差相等的显著性为 0.001，小于 0.05，则能够拒绝原假设，即在性别类别的区分下，对社会交流的绩效评价有较大差异。

从图 3 - 34 可知，在男性当中，在将社会交流作为绩效评价的重要性程度中，主要都集中在 2.00 ~ 3.00 之间，其中 2.00 与 3.00 都相对占比较大，总体上呈现出近似左偏正态分布的趋势，平均值为 2.77，大于 2.50。

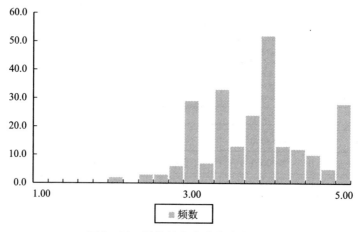

图 3 - 34　男性社会交流维度直方图

表明较多男性教职工认为社会交流在绩效评价中重要性较高。从图 3 – 35
可知，在女性当中，在将社会交流作为绩效评价的重要性程度中，主要都
集中在 2.00～3.00 之间，其中 2.00 与 3.00 都相对占比较大，总体上呈
现出近似左偏正态分布的趋势，平均值为 2.56，大于 2.50。表明较多女
性教职工认为社会交流在绩效评价中重要性较高。从表 3 – 35 可知，男性
与女性的峰度和偏度绝对值都小于 1，近似符合正态分布。

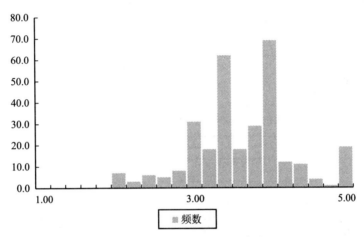

图 3 – 35　女性社会交流维度直方图

表 3 – 35　　　　　　　社会交流评分的性别分类描述性统计

性别		描述信息	统计	标准误差
社会交流	男性	平均值	2.7747	0.04439
		方差	0.473	
		标准偏差	0.68771	
		最小值	1.00	
		最大值	4.00	
		偏度	0.070	0.157
		峰度	-0.459	0.313

性别		描述信息	统计	标准误差
社会交流	女性	平均值	2.5635	0.03742
		方差	0.424	
		标准偏差	0.65131	
		最小值	1.00	
		最大值	4.00	
		偏度	0.014	0.140
		峰度	0.237	0.279

5. 人才培养性别独立样本检验

运用 SPSS26.0 对人才培养绩效评价重要性分布在性别类别中进行独立样本检验，以检验人才培养在男性与女性中绩效评价差异的显著性，其结果如表 3 - 36 和表 3 - 37 所示。

表 3 - 36　　　　　　　　　**假设检验摘要**

原假设	检验	显著性	决策
在性别的类别中，人才培养的分布相同	独立样本曼－惠特尼 U 检验	0.000	拒绝原假设

注：显示了渐进显著性。显著性水平为 0.05。

表 3 - 37　　　　　　　　　**独立样本曼－惠特尼 U 检验摘要**

总计 N	543
曼－惠特尼 U	28073.000
威尔科克森 W	74129.000
检验统计	28073.000[a]
标准误差	1800.329

续表

标准化检验统计	− 4. 603
渐进显著性（双侧检验）	0. 000

注：a. 检验统计将针对绑定值进行调整。

通过上述独立样本曼 - 惠特尼 U 检验可知，人才培养绩效评价在不同的性别类别中分布相同的假设方差相等的显著性为 0. 000，小于 0. 05，则能够拒绝原假设，即在性别类别的区分下，对人才培养的绩效评价有较大差异。

从图 3 - 36 可知，在男性当中，在将人才培养作为绩效评价的重要性程度中，主要都集中在 2. 50 ~ 3. 50 之间，其中 3. 00 与 4. 00 都相对占比较大，总体上呈现出近似左偏正态分布的趋势，平均值为 2. 94，大于 2. 50。表明较多男性教职工认为人才培养在绩效评价中重要性较高。从图 3 - 37 可知，在女性当中，在将人才培养作为绩效评价的重要性程度中，主要都集中在 2. 00 ~ 3. 00 之间，其中 3. 00 相对占比较大，总体上呈现出近似左偏正态分布的趋势，平均值为 2. 66，大于 2. 50。表明较多女性教职工认为人才培养在绩效评价中重要性较高。从表 3 - 38 可知，男性与女性的峰度和偏度绝对值都小于 1，近似符合正态分布。

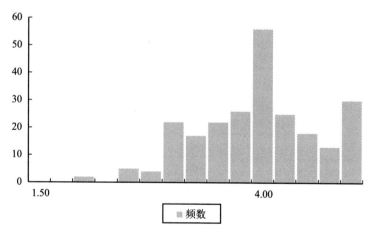

图 3 - 36 男性人才培养维度直方图

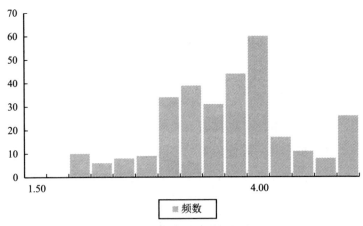

图 3 - 37　女性人才培养维度直方图

表 3 - 38　　　　　　　　人才培养评分的性别分类描述性统计

性别		描述信息	统计	标准误差
人才培养	男性	平均值	2.9427	0.04314
		方差	0.447	
		标准偏差	0.66840	
		最小值	1.00	
		最大值	4.00	
		偏度	- 0.233	0.157
		峰度	- 0.343	0.313
	女性	平均值	2.6642	0.04142
		方差	0.520	
		标准偏差	0.72106	
		最小值	1.00	
		最大值	4.00	
		偏度	- 0.098	0.140
		峰度	- 0.137	0.279

(三) 年龄

1. 科研成果年龄独立样本检验

运用 SPSS26.0 对科研成果绩效评价重要性分布在年龄的类别中进行独立样本检验，以检验科研成果在不同年龄段绩效评价差异的显著性，其结果如表 3-39 至表 3-41 所示。

表 3-39   假设检验摘要

原假设	检验	显著性	决策
在年龄的类别中，科研成果的分布相同	独立样本克鲁斯卡尔－沃利斯检验	0.001	拒绝原假设

注：显示了渐进显著性。显著性水平为 0.05。

表 3-40   独立样本克鲁斯卡尔－沃利斯检验摘要

总计 N	543
检验统计	15.561[a]
自由度	3
渐进显著性（双侧检验）	0.001

注：a. 检验统计将针对绑定值进行调整。

表 3-41   单位类别的成对比较

Sample 1 – Sample 2	检验统计	标准误差	标准检验统计	显著性	Adj. 显著性[a]
41~50 岁—50 岁以上	-1.124	26.405	-0.043	0.966	1.000
41~50 岁—31~40 岁	45.109	18.697	2.413	0.016	0.095
41~50 岁—30 岁以下	74.171	21.585	3.436	0.001	0.004

Sample 1 – Sample 2	检验统计	标准误差	标准检验统计	显著性	Adj. 显著性[a]
50 岁以上—31 ~ 40 岁	43.985	22.939	1.917	0.055	0.331
50 岁以上—30 岁以下	73.047	25.348	2.882	0.004	0.024
31 ~ 40 岁—30 岁及以下	29.062	17.173	1.692	0.091	0.544

注：每行都检验"样本 1 与样本 2 的分布相同"这一原假设。
显示了渐进显著性（双侧检验）。显著性水平为 0.05。
a. 已针对多项检验通过 Bonferroni 校正法调整显著性值。

通过上述独立样本克鲁斯卡尔 - 沃利斯检验可知，科研成果绩效评价在不同的年龄中分布相同的假设方差相等的显著性为 0.001，小于 0.05，则能够拒绝原假设，即在年龄的区分下，对科研成果的评价有较大差异。具体来说，在年龄的成对比较中显示，由假设 41 ~ 50 岁与 50 岁以上、41 ~ 50 岁与 31 ~ 40 岁、41 ~ 50 岁与 30 岁及以下、50 岁以上与 31 ~ 40 岁、50 岁以上与 30 岁及以下和 31 ~ 40 岁与 30 岁及以下之间假设相等时的独立样本显著性分别为 0.966、0.016、0.001、0.055、0.004 和 0.091，其中只有 0.966、0.055、0.091 大于 0.05，保留原假设，其余三组均拒绝原假设。表明 41 ~ 50 岁与 50 岁以上相比较，二者群体对应的科研成果绩效评价分布相差不大；50 岁以上与 31 ~ 40 岁相比较，二者群体对应的科研成果绩效评价分布相差不大；31 ~ 40 岁与 30 岁及以下相比较，二者群体对应的科研成果绩效评价分布相差不大；41 ~ 50 岁与 31 ~ 40 岁相比较，二者群体对应的科研成果绩效评价分布有较大差异；41 ~ 50 岁与 30 岁及以下相比较，二者群体对应的科研成果绩效评价分布有较大差异；50 岁以上与 30 岁及以下相比较，二者群体对应的科研成果绩效评价分布有较大差异。

通过上述分析，从图 3 - 38 可知，在年龄为 30 岁及以下当中，在将科研成果作为绩效评价的重要性程度中，主要都集中在 2.50 ~ 3.50 之间，其中 3.50 与 4.00 都相对占比较大，总体上呈现出近似左偏正态分布的趋势，平均值为3.09，大于2.50。表明在年龄为30岁及以下中较多教职工认为科研成果在绩效评价中重要性较高。从图3-39可知，在年龄为31~40岁当中，在将科研成果作为绩效评价的重要性程度中，主要都集中在2.50~3.50之间，其中3.50与4.00都相对占比较大，总体上呈现出近似左偏正态分布的趋势，平均值为2.97，大于2.50。表明在年龄为31~40岁中较多教职工认为科研成果在绩效评价中重要性较高。从图3-40可知，在年龄为41~50岁当中，在将科研成果作为绩效评价的重要性程度中，主要都集中在2.00~3.00之间，其中3.00与4.00都相对占比较大，平均值为2.72，大于2.50。表明在年龄为41~50岁中较多教职工认为科研成果在绩效评价中重要性较高。从图3-41可知，在年龄为50岁以上当中，在将科研成果作为绩效评价的重要性程度中，主要都集中在2.00~3.50之间，其中3.50与4.00都相对占比略大，总体上呈现出近似左偏正态分布的趋势，平均值为2.78，大于2.50。表明在年龄为50岁以上中较多教职工认为科研成果在绩效评价中重要性较高。从表3-42可知，50岁以上的峰度和偏度绝对值小于1，在四者中最近似符合正态分布。

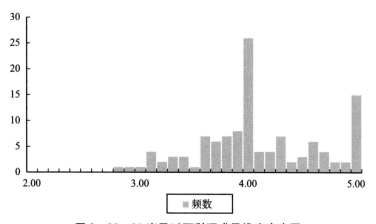

图3-38　30岁及以下科研成果维度直方图

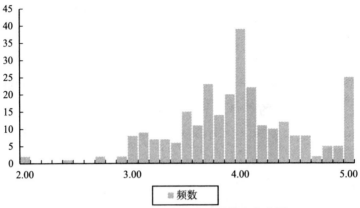

图 3 - 39   31 ~ 40 岁科研成果维度直方图

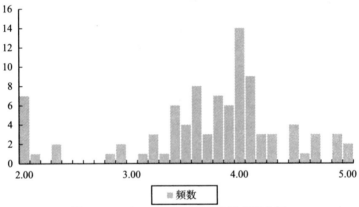

图 3 - 40   41 ~ 50 岁科研成果维度直方图

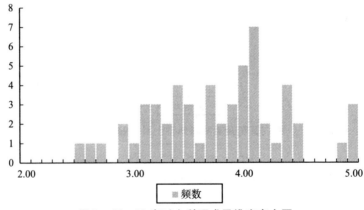

图 3 - 41   50 岁以上科研成果维度直方图

表 3 – 42　　　　　　科研成果评分的年龄分类描述性统计

年龄		描述信息	统计	标准误差
科研成果	30 岁及以下	平均值	3.0899	0.05060
		方差	0.305	
		标准偏差	0.55194	
		最小值	1.80	
		最大值	4.00	
		偏度	0.032	0.222
		峰度	− 0.523	0.440
	31 ~ 40 岁	平均值	2.9697	0.03496
		方差	0.335	
		标准偏差	0.57861	
		最小值	1.00	
		最大值	4.00	
		偏度	− 0.157	0.147
		峰度	0.277	0.293
	41 ~ 50 岁	平均值	2.7170	0.07543
		方差	0.535	
		标准偏差	0.73127	
		最小值	1.00	
		最大值	4.00	
		偏度	− 0.892	0.249
		峰度	0.703	0.493
	50 岁以上	平均值	2.7821	0.08059
		方差	0.364	
		标准偏差	0.60305	
		最小值	1.50	
		最大值	4.00	
		偏度	0.010	0.319
		峰度	− 0.363	0.628

2. 教学质量年龄独立样本检验

运用 SPSS26.0 对教学质量的分布在年龄的类别中进行独立样本检验，以检验教学质量在不同年龄中绩效评价差异的显著性，其结果如表 3 - 43 和表 3 - 44 所示。

表 3 - 43　　　　　　　　　假设检验摘要

原假设	检验	显著性	决策
在年龄的类别中，教学质量的分布相同	独立样本克鲁斯卡尔 - 沃利斯检验	0.215	保留原假设

注：显示了渐进显著性。显著性水平为 0.05。

表 3 - 44　　　　　独立样本克鲁斯卡尔 - 沃利斯检验摘要

总计 N	543
检验统计	4.472[a,b]
自由度	3
渐进显著性（双侧检验）	0.215

注：a. 检验统计将针对绑定值进行调整。
b. 由于总体检验未检测出样本间存在显著差异，因此未执行多重比较。

通过上述独立样本克鲁斯卡尔 - 沃利斯检验可知，教学质量绩效评价在不同的年龄中分布相同的假设方差相等的显著性为 0.215，大于 0.05，则能够接受原假设，即在年龄的区分下，对教育质量的评价相同。

通过上述分析，从图 3 - 42 可知，在年龄为 30 岁及以下当中，在将教学质量作为绩效评价的重要性程度中，主要都集中在 2.50 ~ 3.50 之间，其中 3.50 与 4.00 都相对占比较大，总体上呈现出近似左偏正态分布的趋势，平均值为 3.22，大于 2.50。表明在年龄为 30 岁及以下中较多教职工认为教学质量在绩效评价中重要性较高。从图 3 - 43 可知，在年龄为 31 ~ 40 岁当中，在将教学质量作为绩效评价的重要性程度中，主要都集中在 2.00 ~ 4.00 之间，总体上呈现出近似左偏正态分布的趋势，平均值为 3.13，大于 2.50。表明在年龄为 31 ~ 40 岁中较多教职工认为教学质量在绩效评价中重要性较高。从图 3 - 44 可知，在年龄为 41 ~ 50 岁当中，在将教学质量作为绩效评价的重要性程度中，主要都集中在 2.00 ~ 4.00 之间，总体上呈现出近似左偏正态分布的趋势，平均值为 2.99，大于 2.50。表明在年龄为 41 ~ 50 岁中较多教职工认为教学质量在绩效评价中

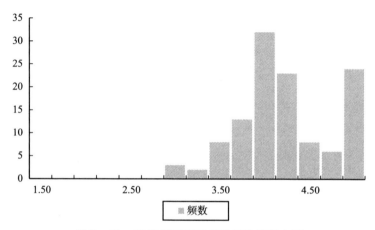

图 3 - 42　30 岁及以下教学质量维度直方图

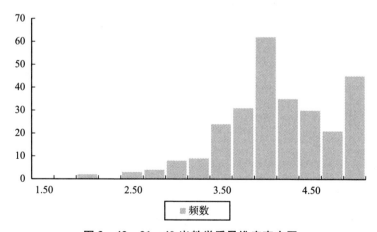

图 3 - 43　31 ~ 40 岁教学质量维度直方图

重要性较高。从图 3 - 45 可知，在年龄为 50 岁以上当中，在将教学质量作为绩效评价的重要性程度中，主要都集中在 2.50 ~ 4.00 之间，总体上呈现出近似左偏正态分布的趋势，平均值为 3.11，大于 2.50。表明在年龄为 50 岁以上中较多教职工认为教学质量在绩效评价中重要性较高。从表 3 - 45 可知，30 岁以下的峰度和偏度绝对值小于 1，在四者中最近似符合正态分布。

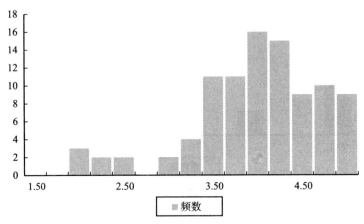

图 3 - 44　41 ~ 50 岁教学质量维度直方图

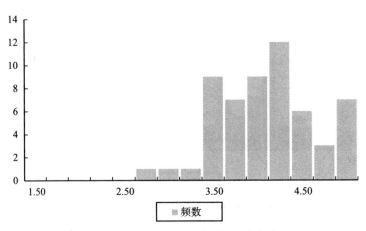

图 3 - 45　50 岁以上教学质量维度直方图

表 3 - 45　　　　　　　教学质量评分的年龄分类描述性统计表

年龄		描述信息	统计	标准误差
教学质量	30 岁及以下	平均值	3.2227	0.04762
		方差	0.270	
		标准偏差	0.51952	
		最小值	2.00	
		最大值	4.00	
		偏度	0.016	0.222
		峰度	− 0.547	0.440
	31 ~ 40 岁	平均值	3.1332	0.03722
		方差	0.380	
		标准偏差	0.61614	
		最小值	1.00	
		最大值	4.00	
		偏度	− 0.523	0.147
		峰度	0.334	0.293
	41 ~ 50 岁	平均值	2.9894	0.07419
		方差	0.517	
		标准偏差	0.71928	
		最小值	1.00	
		最大值	4.00	
		偏度	− 0.903	0.249
		峰度	0.857	0.493
	50 岁以上	平均值	3.1071	0.07232
		方差	0.293	
		标准偏差	0.54116	
		最小值	1.75	
		最大值	4.00	
		偏度	− 0.078	0.319
		峰度	− 0.362	0.628

3. 行政满意度年龄独立样本检验

运用 SPSS26.0 对行政满意度的分布在年龄的类别中进行独立样本检验，以检验行政满意度在不同年龄中绩效评价差异的显著性，其结果如表 3 - 46 和表 3 - 47 所示。

表 3 - 46　　　　　　　　　假设检验摘要

原假设	检验	显著性	决策
在年龄的类别中，行政满意度的分布相同	独立样本克鲁斯卡尔 - 沃利斯检验	0.967	保留原假设

注：显示了渐进显著性。显著性水平为 0.05。

表 3 - 47　　　　　　　独立样本克鲁斯卡尔 - 沃利斯检验摘要

总计 N	543
检验统计	0.262[a,b]
自由度	3
渐进显著性（双侧检验）	0.967

注：a. 检验统计将针对绑定值进行调整。
b. 由于总体检验未检测出样本间存在显著差异，因此未执行多重比较。

通过上述独立样本克鲁斯卡尔 - 沃利斯检验可知，行政满意度绩效评价在不同的年龄中分布相同的假设方差相等的显著性为 0.967，大于 0.05，则能够接受原假设，即在年龄的区分下，对行政满意度的评价相同。

通过上述分析，从图 3 - 46 可知，在年龄为 30 岁及以下当中，在将行政满意度作为绩效评价的重要性程度中，主要都集中在 3.00 ~ 4.00 之间，总体上呈现出近似左偏正态分布的趋势，平均值为 3.13，大于 2.50。表明在年龄为 30 岁及以下中较多教职工认为行政满意度在绩效评价中重要性较高。从图 3 - 47 可知，在年龄为 31 ~ 40 岁当中，在将行政满意度作为绩效评价的重要性程度中，主要都集中在 2.00 ~ 3.00 之间，其中 3.00 ~ 4.00 都相对占比较大，总体上呈现出近似左偏正态分布的趋势，平均值为 3.16，大于 2.50。表明在年龄为 31 ~ 40 岁中较多教职工认为行政满意度在绩效评价中重要性较高。从图 3 - 48 可知，在年龄为 41 ~ 50 岁当中，在将行政满意度作为绩效评价的重要性程度中，主要都集中在 3.00 ~ 4.00 之间，总体上呈现出近似左偏正态分布的趋势，平均值为 3.16，

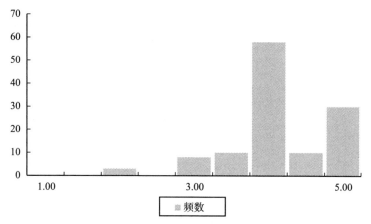

图 3 - 46　30 岁及以下行政满意度维度直方图

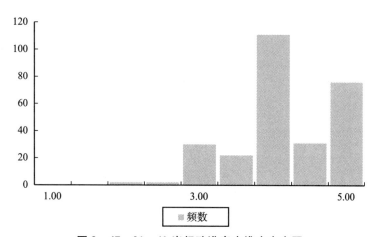

图 3 - 47　31 ~ 40 岁行政满意度维度直方图

大于2.50。表明在年龄为41～50岁中较多教职工认为行政满意度在绩效评价中重要性较高。从图3－49可知，在年龄为50岁以上当中，在将行政满意度作为绩效评价的重要性程度中，主要都集中在3.00～4.00之间，总体上呈现出近似左偏正态分布的趋势，平均值为3.17，大于2.50。表明在年龄为50岁以上中较多教职工认为行政满意度在绩效评价中重要性较高。从表3－48可知，50岁以上的峰度和偏度绝对值小于1，在四者中最近似符合正态分布。

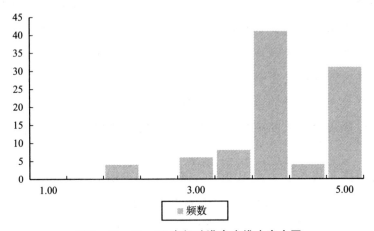

图3－48　41～50岁行政满意度维度直方图

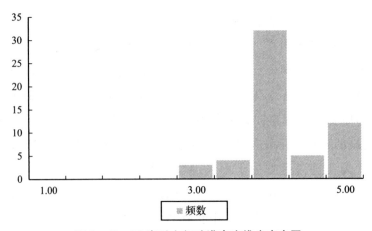

图3－49　50岁以上行政满意度维度直方图

表 3 - 48　　　　　行政满意度评分的年龄分类描述性统计

年龄		描述信息	统计	标准误差
行政满意度	30 岁及以下	平均值	3.1345	0.06135
		方差	0.448	
		标准偏差	0.66923	
		最小值	1.00	
		最大值	4.00	
		偏度	-0.679	0.222
		峰度	1.108	0.440
	31 ~ 40 岁	平均值	3.1588	0.04085
		方差	0.457	
		标准偏差	0.67624	
		最小值	1.00	
		最大值	4.00	
		偏度	-0.432	0.147
		峰度	-0.252	0.293
	41 ~ 50 岁	平均值	3.1596	0.07831
		方差	0.576	
		标准偏差	0.75922	
		最小值	1.00	
		最大值	4.00	
		偏度	-0.842	0.249
		峰度	0.867	0.493
	50 岁以上	平均值	3.1696	0.07126
		方差	0.284	
		标准偏差	0.53323	
		最小值	2.00	
		最大值	4.00	
		偏度	0.111	0.319
		峰度	-0.108	0.628

4. 社会交流年龄独立样本检验

运用 SPSS26.0 对社会交流绩效评价重要性分布在年龄的类别中进行独立样本检验，以检验社会交流在不同年龄段绩效评价差异的显著性，其结果如表 3 - 49 至表 3 - 51 所示。

表 3 - 49 假设检验摘要

原假设	检验	显著性	决策
在年龄的类别中，社会交流的分布相同	独立样本克鲁斯卡尔 - 沃利斯检验	0.006	拒绝原假设

注：显示了渐进显著性。显著性水平为 0.050。

表 3 - 50 独立样本克鲁斯卡尔 - 沃利斯检验摘要

总计 N	543
检验统计	12.345[a]
自由度	3
渐进显著性（双侧检验）	0.006

注：a. 检验统计将针对绑定值进行调整。

表 3 - 51 年龄的成对比较

Sample 1 - Sample 2	检验统计	标准误差	标准检验统计	显著性	Adj. 显著性[a]
41 ~ 50 岁—50 岁以上	- 32.164	26.378	- 1.219	0.223	1.000
41 ~ 50 岁—31 ~ 40 岁	48.025	18.678	2.571	0.010	0.061
41 ~ 50 岁—30 岁以下	74.015	21.563	3.433	0.001	0.004
50 岁以上—31 ~ 40 岁	15.861	22.916	0.692	0.489	1.000
50 岁以上—30 岁以下	41.851	25.322	1.653	0.098	0.590
31 ~ 40 岁—30 及以下	25.990	17.155	1.515	0.130	0.779

注：每行都检验"样本 1 与样本 2 的分布相同"这一原假设。
显示了渐进显著性（双侧检验）。显著性水平为 0.05。
a. 已针对多项检验通过 Bonferroni 校正法调整显著性值。

通过上述独立样本克鲁斯卡尔-沃利斯检验可知，社会交流绩效评价在不同的年龄中分布相同的假设方差相等的显著性为 0.006，小于 0.05，则能够拒绝原假设，即在年龄的区分下，对社会交流的评价有较大差异。具体来说，在年龄的成对比较中显示，由假设 41~50 岁与 50 岁以上、41~50 岁与 31~40 岁、41~50 岁与 30 岁及以下、50 岁以上与 31~40 岁、50 岁以上与 30 岁及以下和 31~40 岁与 30 岁及以下之间假设相等时的独立样本显著性分别为 0.223、0.010、0.001、0.489、0.098 和 0.130，其中只有 0.223、0.489、0.098、0.130 大于 0.05，保留原假设，其余两组均拒绝原假设。表明 41~50 岁与 50 岁以上相比较，二者群体对应的社会交流绩效评价分布相差不大；50 岁以上与 31~40 岁相比较，二者群体对应的社会交流绩效评价分布相差不大；31~40 岁与 30 岁及以下相比较，二者群体对应的社会交流绩效评价分布相差不大；50 岁以上与 30 岁及以下相比较，二者群体对应的社会交流绩效评价分布相差不大；41~50 岁与 31~40 岁相比较，二者群体对应的社会交流绩效评价分布有较大差异；41~50 岁与 30 岁及以下相比较，二者群体对应的社会交流绩效评价分布有较大差异。

通过上述分析，从图 3-50 可知，在年龄为 30 岁及以下当中，在将社会交流作为绩效评价的重要性程度中，主要都集中在 2.00~3.00 之间，其中 3.00~4.00 都相对占比较大，总体上呈现出近似左偏正态分布的趋势，平均值为 2.79，大于 2.50。表明在年龄为 30 岁及以下中较多教职工认为社会交流在绩效评价中重要性较高。从图 3-51 可知，在年龄为 31~40 岁当中，在将社会交流作为绩效评价的重要性程度中，主要都集中在 2.00~3.00 之间，其中 2.50~4.00 都相对占比较大，总体上呈现出近似左偏正态分布的趋势，平均值为 2.69，大于 2.50。表明在年龄为 31~40 岁中较多教职工认为社会交流在绩效评价中重要性较高。从图 3-52 可知，在年龄为 41~50 岁当中，在将社会交流作为绩效评价的重要性程度中，主要都集中在 2.00~3.00 之间，其中 1.00~2.00 都相对占比较大，总体上呈现出近似右偏正态分布的趋势，平均值为 2.43，小于 2.50。表明在年龄为 41~50 岁中较多教职工认为社会交流在绩效评价中重要性较低。从图 3-53 可知，在年龄为 50 岁以上当中，在将社会交流作为绩效评价的重要性程度中，主要都集中在 2.00~3.00 之间，其中 3.00~4.00 都相对占比较大，总体上呈现出近似左偏正态分布的趋势，平均值为 2.61，大于 2.50。表明在年龄为 50 岁以上中较多教职工认为社会交流在绩效评价中重要性较高。从表 3-52 可知，30 岁及以下的峰度和偏度绝对值小于 1，在四者中最近似符合正态分布。

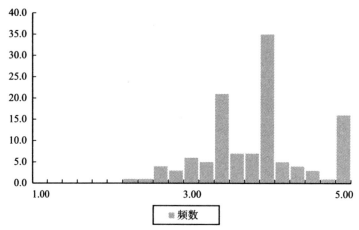

图 3-50　30 岁及以下社会交流维度直方图

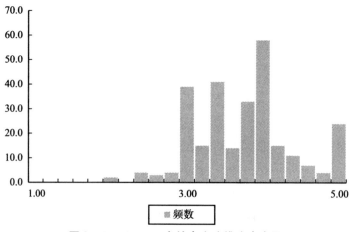

图 3-51　31~40 岁社会交流维度直方图

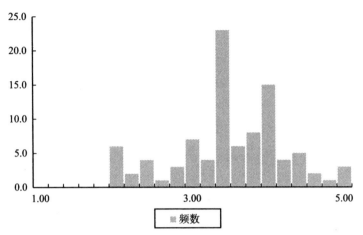

图 3 - 52　41 ~ 50 岁社会交流维度直方图

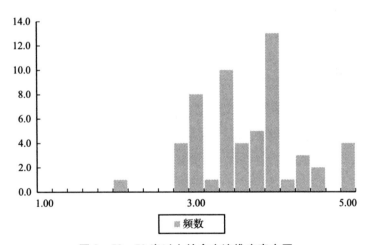

图 3 - 53　50 岁以上社会交流维度直方图

表 3 - 52 社会交流评分的年龄分类描述性统计

年龄		描述信息	统计	标准误差
社会交流	30 岁及以下	平均值	2.7906	0.06231
		方差	0.462	
		标准偏差	0.67971	
		最小值	1.13	
		最大值	4.00	
		偏度	0.060	0.222
		峰度	-0.320	0.440
	31 ~ 40 岁	平均值	2.6871	0.03927
		方差	0.423	
		标准偏差	0.65007	
		最小值	1.00	
		最大值	4.00	
		偏度	0.236	0.147
		峰度	-0.186	0.293
	41 ~ 50 岁	平均值	2.4252	0.07305
		中位数	3.3800	
		方差	0.502	
		标准偏差	0.70825	
		最小值	1.00	
		最大值	4.00	
		偏度	-0.245	0.249
		峰度	-0.113	0.493
	50 岁以上	平均值	2.6132	0.08651
		方差	0.419	
		标准偏差	0.64739	
		最小值	1.00	
		最大值	4.00	
		偏度	0.197	0.319
		峰度	-0.028	0.628

5. 人才培养年龄独立样本检验

运用 SPSS26.0 对人才培养绩效评价重要性分布在年龄的类别中进行独立样本检验，以检验人才培养在不同年龄段绩效评价差异的显著性，其结果如表 3-53 至表 3-55 所示。

表 3-53　　　　　　　假设检验摘要

原假设	检验	显著性	决策
在年龄的类别中，人才培养的分布相同	独立样本克鲁斯卡尔-沃利斯检验	0.011	拒绝原假设

注：显示了渐进显著性。显著性水平为 0.050。

表 3-54　　　　独立样本克鲁斯卡尔-沃利斯检验摘要

总计 N	543
检验统计	11.076[a]
自由度	3
渐进显著性（双侧检验）	0.011

注：a. 检验统计将针对绑定值进行调整。

表 3-55　　　　　　　年龄的成对比较

Sample 1 - Sample 2	检验统计	标准误差	标准检验统计	显著性	Adj. 显著性[a]
41~50 岁—50 岁以上	-32.805	26.261	-1.249	0.212	1.000
41~50 岁—31~40 岁	50.661	18.596	2.724	0.006	0.039
41~50 岁—30 岁以下	67.716	21.467	3.154	0.002	0.010
50 岁以上—31~40 岁	17.856	22.815	0.783	0.434	1.000
50 岁以上—30 岁以下	34.911	25.210	1.385	0.166	0.997
31~40 岁—30 岁及以下	17.054	17.079	0.999	0.318	1.000

注：每行都检验"样本 1 与样本 2 的分布相同"这一原假设。
显示了渐进显著性（双侧检验）。显著性水平为 0.05。
a. 已针对多项检验通过 Bonferroni 校正法调整显著性值。

通过上述独立样本克鲁斯卡尔－沃利斯检验可知，人才培养绩效评价在不同的年龄中分布相同的假设方差相等的显著性为 0.011，小于 0.05，则能够拒绝原假设，即在年龄的区分下，对人才培养的评价有较大差异。具体来说，在年龄的成对比较中显示，由假设 41～50 岁与 50 岁以上、41～50 岁与 31～40 岁、41～50 岁与 30 岁及以下、50 岁以上与 31～40 岁、50 岁以上与 30 岁及以下和 31～40 岁与 30 岁及以下之间假设相等时的独立样本显著性分别为 0.212、0.006、0.002、0.434、0.166 和 0.318，其中只有 0.212、0.434、0.166、0.318 大于 0.05，保留原假设，其余两组均拒绝原假设。表明 41～50 岁与 50 岁以上相比较，二者群体对应的人才培养绩效评价分布相差不大；50 岁以上与 31～40 岁相比较，二者群体对应的人才培养绩效评价分布相差不大；50 岁以上与 30 岁及以下相比较，二者群体对应的人才培养绩效评价分布相差不大；31～40 岁与 30 岁及以下相比较，二者群体对应的人才培养绩效评价分布相差不大；41～50 岁与 31～40 岁相比较，二者群体对应的人才培养绩效评价分布有较大差异；41～50 岁与 30 岁及以下相比较，二者群体对应的人才培养绩效评价分布有较大差异。

通过上述分析，从图 3－54 可知，在年龄为 30 岁及以下当中，在将人才培养作为绩效评价的重要性程度中，主要都集中在 2.00～3.00 之间，其中 4.00 也相对占比较大，总体上呈现出近似左偏正态分布的趋势，平均值为 2.90，大于 2.50。表明在年龄为 30 岁及以下中较多教职工认为人才培养在绩效评价中重要性较高。从图 3－55 可知，在年龄为 31～40 岁当中，在将人才培养作为绩效评价的重要性程度中，主要都集中在 2.00～4.00 之间，总体上呈现出近似左偏正态分布的趋势，平均值为 2.82，大于 2.50。表明在年龄为 31～40 岁中较多教职工认为人才培养在绩效评价中重要性较高。从图 3－56 可知，在年龄为 41～50 岁及以下当中，在将人才培养作为绩效评价的重要性程度中，主要都集中在 2.00～3.00 之间，其中 3.00～4.00、1.00～2.00 也相对占比较大，平均值为 2.56，大于 2.50。表明在年龄为 41～50 岁中较多教职工认为人才培养在绩效评价中重要性较高。从图 3 - 57 可知，在年龄为 50 岁以上当中，在将人才培养作为绩效评价的重要性程度中，主要都集中在 2.00 ~ 3.00 之间，其中 4.00、1.50 也相对占比较大，平均值为 2.75，大于 2.50。表明在年龄为 50 岁以上中较多教职工认为人才培养在绩效评价中重要性较高。从表 3 - 56 可知，50 岁以上的峰度和偏度绝对值小于 1，在四者中最近似符合正态分布。

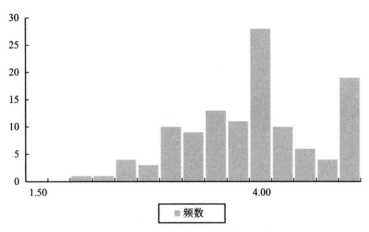

图 3 - 54　30 岁及以下人才培养维度直方图

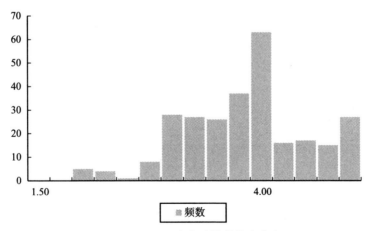

图 3 - 55　31 ~ 40 岁人才培养维度直方图

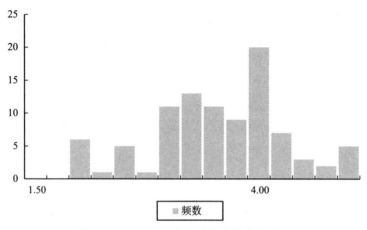

图 3 - 56　41 ~ 50 岁人才培养维度直方图

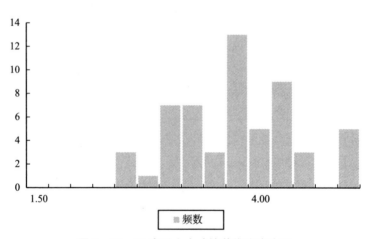

图 3 - 57　50 岁以上人才培养维度直方图

表 3 - 56　　　　　　　人才培养评分的年龄分类描述性统计

年龄		描述信息	统计	标准误差
人才培养	30 岁及以下	平均值	2.8992	0.06640
		方差	0.525	
		标准偏差	0.72436	
		最小值	1.00	
		最大值	4.00	
		偏度	− 0.178	0.222
		峰度	− 0.475	0.440
	31 ~ 40 岁	平均值	2.8239	0.04188
		方差	0.481	
		标准偏差	0.69322	
		最小值	1.00	
		最大值	4.00	
		偏度	− 0.190	0.147
		峰度	− 0.171	0.293
	41 ~ 50 岁	平均值	2.5612	0.07616
		方差	0.545	
		标准偏差	0.73843	
		最小值	1.00	
		最大值	4.00	
		偏度	− 0.250	0.249
		峰度	− 0.142	0.493
	50 岁以上	平均值	2.7500	0.08758
		方差	0.430	
		标准偏差	0.65540	
		最小值	1.50	
		最大值	4.00	
		偏度	0.100	0.319
		峰度	− 0.453	0.628

（四）学历

1. 科研成果学历独立样本检验

运用 SPSS26.0 对科研成果绩效评价重要性分布在学历的类别中进行独立样本检验，以检验科研成果在不同学历绩效评价差异的显著性，其结果如表 3 – 57 至表 3 – 59 所示。

表 3 – 57　　　　　假设检验摘要

原假设	检验	显著性	决策
在学历的类别中，科研成果的分布相同	独立样本克鲁斯卡尔 – 沃利斯检验	0.008	拒绝原假设

注：显示了渐进显著性。显著性水平为 0.05。

表 3 – 58　　　　独立样本克鲁斯卡尔 – 沃利斯检验摘要

总计 N	543
检验统计	11.928[a]
自由度	3
渐进显著性（双侧检验）	0.008

注：a. 检验统计将针对绑定值进行调整。

表 3 – 59　　　　　学历的成对比较

Sample 1 – Sample 2	检验统计	标准误差	标准检验统计	显著性	Adj. 显著性[a]
博士—硕士	14.290	22.778	0.627	0.530	1.000
博士—本科	14.367	22.768	0.631	0.528	1.000
博士—大专及以下	161.566	47.925	3.371	0.001	0.004
硕士—本科	0.076	14.415	0.005	0.996	1.000
硕士—大专及以下	147.276	44.567	3.305	0.001	0.006
本科—大专及以下	147.199	44.562	3.303	0.001	0.006

注：每行都检验"样本 1 与样本 2 的分布相同"这一原假设。
显示了渐进显著性（双侧检验）。显著性水平为 0.05。
a. 已针对多项检验通过 Bonferroni 校正法调整显著性值。

通过上述独立样本克鲁斯卡尔－沃利斯检验可知，科研成果绩效评价在不同的学历中分布相同的假设方差相等的显著性为 0.008，小于 0.05，则能够拒绝原假设，即在学历的区分下，对科研成果的评价有较大差异。具体来说，在学历的成对比较中显示，由假设博士与硕士、博士与本科、博士与大专及以下、硕士与本科、硕士与大专及以下和本科与大专及以下之间假设相等时的独立样本显著性分别为 0.530、0.528、0.001、0.996、0.001 和 0.001，其中只有 0.530、0.528、0.996 大于 0.05，保留原假设，其余三组均拒绝原假设。表明博士与硕士相比较，二者群体对应的科研成果绩效评价分布相差不大；博士与本科相比较，二者群体对应的科研成果绩效评价分布相差不大；硕士与本科相比较，二者群体对应的科研成果绩效评价分布相差不大；博士与大专及以下相比较，二者群体对应的科研成果绩效评价分布有较大差异；硕士与大专及以下相比较，二者群体对应的科研成果绩效评价分布有较大差异；本科与大专及以下相比较，二者群体对应的科研成果绩效评价分布有较大差异。

通过上述分析，从图 3－58 可知，在学历为大专及以下当中，在将科研成果作为绩效评价的重要性程度中，主要都集中在 3.00～3.20 之间，其中 4.00 都相对占比较大，平均值为 3.49，大于 2.50。表明在学历为大专及以下中较多教职工认为科研成果在绩效评价中重要性较高。从图 3－59 可知，在学历为本科当中，在将科研成果作为绩效评价的重要性程度中，主要都集中在 2.50～3.50 之间，其中 4.00 都相对占比较大，总体上呈现出近似左偏正态分布的趋势，平均值为 2.92，大于 2.50。表明在学历为本科中较多教职工认为科研成果在绩效评价中重要性较高。从图 3－60 可知，在学历为硕士当中，在将科研成果作为绩效评价的重要性程度中，主要都集中在 2.50～3.50 之间，其中 4.00 都相对占比较大，总体上呈现出近似左偏正态分布的趋势，平均值为 1.93，小于 2.50。表明在学历为硕士中较多教职工认为科研成果在绩效评价中重要性较低。从图 3－61 可知，在学历为博士当中，在将科研成果作为绩效评价的重要性程度中，主要都集中在 2.00 ~ 3.00 之间，其中 1.00 与 4.00 都相对占比较大，平均值为 2.85，大于 2.50。表明在学历为博士中较多教职工认为科研成果在绩效评价中重要性较高。从表 3 - 60 可知，大专及以下的峰度和偏度绝对值小于 1，在四者中最近似符合正态分布。

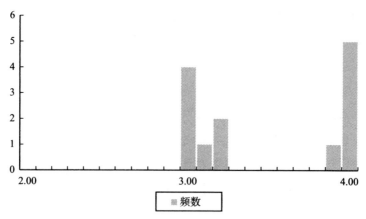

图 3 - 58　大专及以下科研成果维度直方图

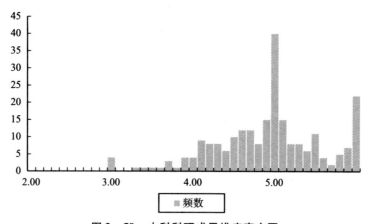

图 3 - 59　本科科研成果维度直方图

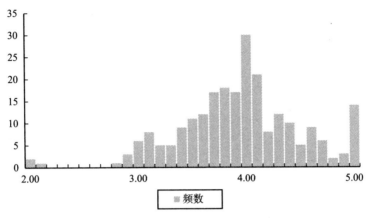

图 3 - 60　硕士科研成果维度直方图

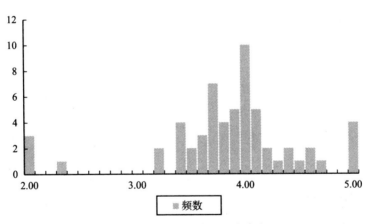

图 3 - 61　博士科研成果维度直方图

表 3 – 60　　　　　　　　**科研成果评分的学历分类描述性统计**

学历		描述信息	统计	标准误差
科研成果	大专及以下	平均值	3.4923	0.13275
		方差	0.229	
		标准偏差	0.47865	
		最小值	3.00	
		最大值	4.00	
		偏度	0.121	0.616
		峰度	− 2.264	1.191
	本科	平均值	2.9220	0.04293
		方差	0.435	
		标准偏差	0.65955	
		最小值	1.00	
		最大值	4.00	
		偏度	− 0.368	0.158
		峰度	0.200	0.316
	硕士	平均值	2.9340	0.03630
		方差	0.310	
		标准偏差	0.55650	
		最小值	1.00	
		最大值	4.00	
		偏度	− 0.303	0.159
		峰度	0.770	0.316
	博士	平均值	2.8492	0.08390
		方差	0.415	
		标准偏差	0.64444	
		最小值	1.00	
		最大值	4.00	
		偏度	− 1.020	0.311
		峰度	2.385	0.613

2. 教学质量学历独立样本检验

运用 SPSS26.0 对教学质量绩效评价重要性分布在学历的类别中进行独立样本检验，以检验教学质量在不同学历绩效评价差异的显著性，其结果如表 3 - 61 至表 3 - 63 所示。

表 3 - 61　　　　　　　　　假设检验摘要

原假设	检验	显著性	决策
在学历的类别中，教学质量的分布相同	独立样本克鲁斯卡尔 – 沃利斯检验	0.000	拒绝原假设

注：显示了渐进显著性。显著性水平为 0.05。

表 3 - 62　　　　　独立样本克鲁斯卡尔 – 沃利斯检验摘要

总计 N	543
检验统计	30.312[a]
自由度	3
渐进显著性（双侧检验）	0.000

注：a. 检验统计将针对绑定值进行调整。

表 3 - 63　　　　　　　　　学历的成对比较

Sample 1 – Sample 2	检验统计	标准误差	标准检验统计	显著性	Adj. 显著性[a]
博士—硕士	63.623	22.595	2.816	0.005	0.029
博士—本科	95.208	22.585	4.216	0.000	0.000
博士—大专及以下	219.516	47.540	4.617	0.000	0.000
硕士—本科	31.585	14.299	2.209	0.027	0.163
硕士—大专及以下	155.893	44.209	3.526	0.000	0.003
本科—大专及以下	124.308	44.204	2.812	0.005	0.030

注：每行都检验"样本 1 与样本 2 的分布相同"这一原假设。
显示了渐进显著性（双侧检验）。显著性水平为 0.05。
a. 已针对多项检验通过 Bonferroni 校正法调整显著性值。

通过上述独立样本克鲁斯卡尔－沃利斯检验可知，教学质量绩效评价在不同的学历中分布相同的假设方差相等的显著性为 0.000，小于 0.05，则能够拒绝原假设，即在学历的区分下，对教学质量的评价有较大差异。具体来说，在学历的成对比较中显示，由假设博士与硕士、博士与本科、博士与大专及以下、硕士与本科、硕士与大专及以下和本科与大专及以下之间假设相等时的独立样本显著性分别为 0.005、0.000、0.000、0.027、0.000 和 0.005，均小于 0.05，拒绝原假设。表明博士与硕士相比较，二者群体对应的教学质量绩效评价分布有较大差异；博士与本科相比较，二者群体对应的教学质量绩效评价分布有较大差异；硕士与本科相比较，二者群体对应的教学质量绩效评价分布有较大差异；博士与大专及以下相比较，二者群体对应的教学质量绩效评价分布有较大差异；硕士与大专及以下相比较，二者群体对应的教学质量绩效评价分布有较大差异；本科与大专及以下相比较，二者群体对应的教学质量绩效评价分布有较大差异。

通过上述分析，从图 3－62 可知，在学历为大专及以下当中，在将教学质量作为绩效评价的重要性程度中，主要都集中在 3.00～3.20 之间，其中 4.00 都相对占比较大，平均值为 3.67，大于 2.50。表明在学历为大专及以下中较多教职工认为教学质量在绩效评价中重要性较高。从图 3－63 可知，在学历为本科当中，在将教学质量作为绩效评价的重要性程度中，主要都集中在 3.00～4.00 之间，其中 2.00～3.00 都相对占比较大，总体上呈现出近似左偏正态分布的趋势，平均值为 3.21，大于 2.50。表明在学历为本科中较多教职工认为教学质量在绩效评价中重要性较高。从图 3－64 可知，在学历为硕士当中，在将教学质量作为绩效评价的重要性程度中，主要都集中在 2.50～4.00 之间，总体上呈现出近似左偏正态分布的趋势，平均值为 3.09，大于 2.50。表明在学历为硕士中较多教职工认为教学质量在绩效评价中重要性较高。从图 3－65 可知，在学历为博士当中，在将教学质量作为绩效评价的重要性程度中，主要都集中在 2.00 ~ 4.00 之间，平均值为 2.81，大于 2.50。表明在学历为博士中较多教职工认为教学质量在绩效评价中重要性较高。从表 3 - 64 可知，博士的峰度和偏度绝对值小于 1，在四者中最近似符合正态分布。

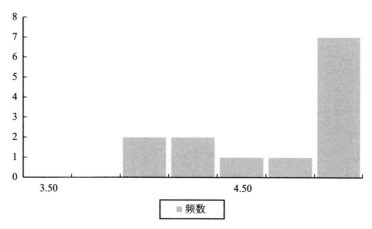

图 3 - 62　大专及以下教学质量维度直方图

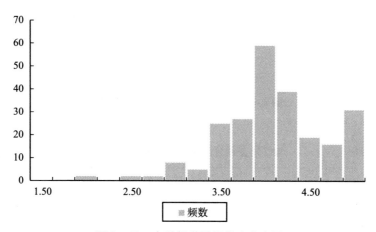

图 3 - 63　本科教学质量维度直方图

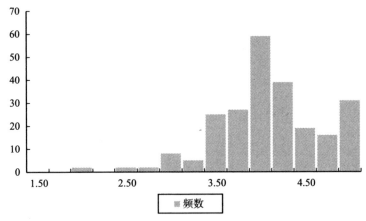

图 3 − 64　硕士教学质量维度直方图

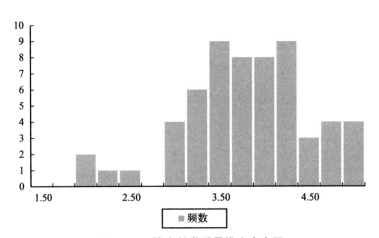

图 3 − 65　博士教学质量维度直方图

表 3 − 64　　　　　　教学质量评分的学历分类描述性统计

教学质量	学历	描述信息	统计	标准误差
教学质量	大专及以下	平均值	3.6731	0.11458
		方差	0.171	
		标准偏差	0.41313	
		最小值	3.00	

续表

教学质量	学历	描述信息	统计	标准误差
教学质量	大专及以下	最大值	4.00	
		偏度	-0.728	0.616
		峰度	-1.298	1.191
	本科	平均值	3.2076	0.03809
		方差	0.342	
		标准偏差	0.58510	
		最小值	1.00	
		最大值	4.00	
		偏度	-0.636	0.158
		峰度	0.762	0.316
	硕士	平均值	3.0926	0.03803
		方差	0.340	
		标准偏差	0.58306	
		最小值	1.00	
		最大值	4.00	
		偏度	-0.475	0.159
		峰度	0.741	0.316
	博士	平均值	2.8051	0.09167
		方差	0.496	
		标准偏差	0.70416	
		最小值	1.00	
		最大值	4.00	
		偏度	-0.463	0.311
		峰度	0.316	0.613

3. 行政满意度学历

运用SPSS26.0对行政满意度绩效评价重要性分布在学历的类别中进行独立样本检验，以检验行政满意度在不同学历绩效评价差异的显著性，其结果如表 3 – 65 和表 3 – 66 所示。

表 3 – 65　　　　　　　　　　假设检验摘要

原假设	检验	显著性	决策
在学历的类别中，行政满意度的分布相同	独立样本克鲁斯卡尔 – 沃利斯检验	0.120	保留原假设

注：显示了渐进显著性。显著性水平为 0.05。

表 3 – 66　　　　　独立样本克鲁斯卡尔 – 沃利斯检验摘要

总计 N	543
检验统计	5.841[a,b]
自由度	3
渐进显著性（双侧检验）	0.120

注：a. 检验统计将针对绑定值进行调整。

b. 由于总体检验未检测出样本间存在显著差异，因此未执行多重比较。

通过上述独立样本克鲁斯卡尔 – 沃利斯检验可知，科研成果绩效评价在不同的年龄中分布相同的假设方差相等的显著性为 0.120，大于 0.05，则能够接受原假设，即在学历的区分下，对行政满意度的评价相差不大。

通过上述分析，从图 3 – 66 可知，在学历为大专及以下当中，在将行政满意度作为绩效评价的重要性程度中，主要都集中在 2.90 ~ 3.20、3.80 ~ 4.00 之间，平均值为 3.50，大于 2.50。表明在学历为大专及以下中较多教职工认为行政满意度在绩效评价中重要性较高。从图 3 – 67 可知，在学历为本科当中，在将行政满意度作为绩效评价的重要性程度中，主要都集中在 3.00 ~ 4.00 之间，总体上呈现出近似左偏正态分布的趋势，平均值为 3.15，大于 2.50。表明在学历为本科中较多教职工认为行政满意度在绩效评价中重要性较高。从图 3 – 68 可知，在学历为硕士当中，在将行政满意度作为绩效评价的重要性程度中，主要都集中在 3.00 ~ 4.00

之间，总体上呈现出近似左偏正态分布的趋势，平均值为 3.12，大于 2.50。表明在学历为硕士中较多教职工认为行政满意度在绩效评价中重要性较高。从图 3 - 69 可知，在学历为博士当中，在将行政满意度作为绩效评价的重要性程度中，主要都集中在 3.00 ~ 4.00 之间，总体上呈现出近似左偏正态分布的趋势，平均值为 3.24，大于 2.50。表明在学历为博士中较多教职工认为行政满意度在绩效评价中重要性较高。从表 3 - 67 可知，大专及以下的峰度和偏度绝对值小于 1，在四者中最近似符合正态分布。

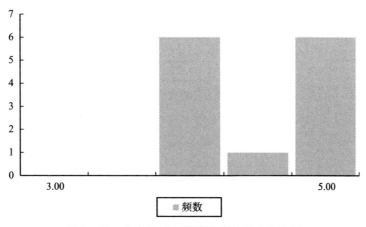

图 3 - 66　大专及以下行政满意度维度直方图

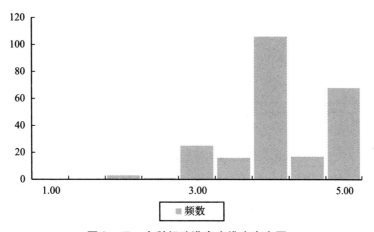

图 3 - 67　本科行政满意度维度直方图

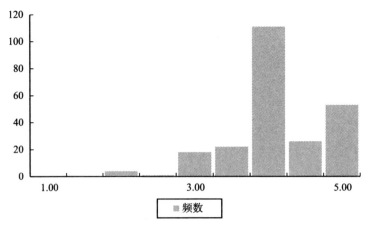

图 3 – 68　硕士行政满意度维度直方图

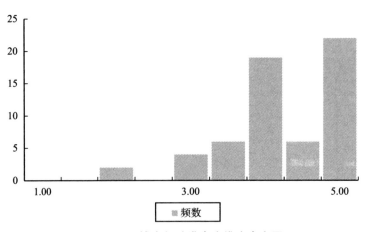

图 3 – 69　博士行政满意度维度直方图

表 3 - 67　　　　　　**行政满意度评分的学历分类描述性统计**

学历		描述信息	统计	标准误差
行政满意度	大专及以下	平均值	3.5000	0.13868
		方差	0.250	
		标准偏差	0.50000	
		最小值	3.00	
		最大值	4.00	
		偏度	0.000	0.616
		峰度	-2.273	1.191
	本科	平均值	3.1525	0.04454
		方差	0.468	
		标准偏差	0.68419	
		最小值	1.00	
		最大值	4.00	
		偏度	-0.475	0.158
		峰度	0.034	0.316
	硕士	平均值	3.1170	0.04222
		方差	0.419	
		标准偏差	0.64726	
		最小值	1.00	
		最大值	4.00	
		偏度	-0.551	0.159
		峰度	0.738	0.316
	博士	平均值	3.2373	0.09920
		方差	0.581	
		标准偏差	0.76201	
		最小值	1.00	
		最大值	4.00	
		偏度	-0.918	0.311
		峰度	0.740	0.613

4. 社会交流学历独立样本检验

运用 SPSS26.0 对社会交流绩效评价重要性分布在学历的类别中进行独立样本检验，以检验社会交流在不同学历绩效评价差异的显著性，其结果如表 3-68 至表 3-70 所示。

表 3-68   假设检验摘要

原假设	检验	显著性	决策
在学历的类别中，社会交流的分布相同	独立样本克鲁斯卡尔－沃利斯检验	0.000	拒绝原假设

注：显示了渐进显著性。显著性水平为 0.05。

表 3-69   独立样本克鲁斯卡尔－沃利斯检验摘要

总计 N	543
检验统计	19.587[a]
自由度	3
渐进显著性（双侧检验）	0.000

注：a. 检验统计将针对绑定值进行调整。

表 3-70   学历的成对比较

Sample 1 – Sample 2	检验统计	标准误差	标准检验统计	显著性	Adj. 显著性[a]
博士—硕士	15.123	22.754	0.665	0.506	1.000
博士—本科	33.710	22.745	1.482	0.138	0.830
博士—大专及以下	200.654	47.876	4.191	0.000	0.000
硕士—本科	18.586	14.400	1.291	0.197	1.000
硕士—大专及以下	185.530	44.522	4.167	0.000	0.000
本科—大专及以下	166.944	44.517	3.750	0.000	0.001

注：每行都检验"样本 1 与样本 2 的分布相同"这一原假设。
显示了渐进显著性（双侧检验）。显著性水平为 0.05。
a. 已针对多项检验通过 Bonferroni 校正法调整显著性值。

通过上述独立样本克鲁斯卡尔－沃利斯检验可知，社会交流绩效评价在不同的学历中分布相同的假设方差相等的显著性为 0.000，小于 0.05，则能够拒绝原假设，即在学历的区分下，对社会交流的评价有较大差异。具体来说，在学历的成对比较中显示，由假设博士与硕士、博士与本科、博士与大专及以下、硕士与本科、硕士与大专及以下和本科与大专及以下之间假设相等时的独立样本显著性分别为 0.506、0.138、0.000、0.197、0.000 和 0.000，其中只有 0.506、0.138、0.197 大于 0.05，接受原假设，剩余三组均拒绝原假设。表明博士与硕士相比较，二者群体对应的社会交流绩效评价分布相差不大；博士与本科相比较，二者群体对应的社会交流绩效评价分布相差不大；硕士与本科相比较，二者群体对应的社会交流绩效评价分布相差不大；博士与大专及以下相比较，二者群体对应的社会交流绩效评价分布有较大差异；硕士与大专及以下相比较，二者群体对应的社会交流绩效评价分布有较大差异；本科与大专及以下相比较，二者群体对应的社会交流绩效评价分布有较大差异。

通过上述分析，由图 3-70 可知，在学历为大专及以下当中，在将社会交流作为绩效评价的重要性程度中，主要都集中在 2.75~3.25 之间，其中 4.00 都相对占比较大，平均值为 3.46，大于 2.50。表明在学历为大专及以下中较多教职工认为社会交流在绩效评价中重要性较高。从图 3-71 可知，在学历为本科当中，在将社会交流作为绩效评价的重要性程度中，主要都集中在 2.00~3.00 之间，其中 4.00 都相对占比较大，总体上呈现出近似左偏正态分布的趋势，平均值为 2.69，大于 2.50。表明在学历为本科中较多教职工认为社会交流在绩效评价中重要性较高。从图 3-72 可知，在学历为硕士当中，在将社会交流作为绩效评价的重要性程度中，主要都集中在 2.00~3.00 之间，总体上呈现出近似左偏正态分布的趋势，平均值为 2.61，大于 2.50。表明在学历为硕士中较多教职工认为社会交流在绩效评价中重要性较高。从图 3-73 可知，在学历为博士当中，在将社会交流作为绩效评价的重要性程度中，主要都集中在 2.00~

3.00 之间，其中 4.00 都相对占比较大，平均值为 2.54，大于 2.50。表明在学历为博士中较多教职工认为社会交流在绩效评价中重要性较高。从表 3 - 71 可知，硕士的峰度和偏度绝对值小于 1，在四者中最近似符合正态分布。

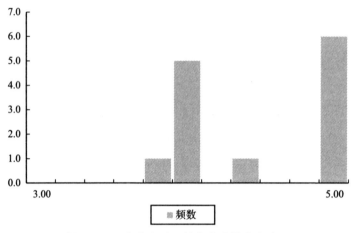

图 3 - 70　大专及以下社会交流维度直方图

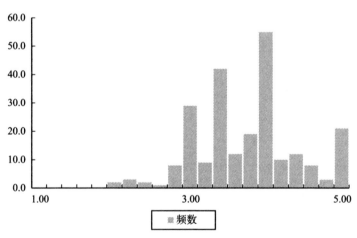

图 3 - 71　本科社会交流维度直方图

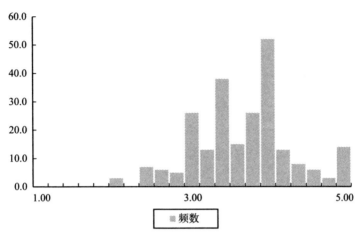

图 3 - 72　硕士社会交流维度直方图

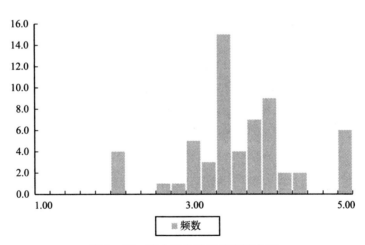

图 3 - 73　博士社会交流维度直方图

表 3 –71 社会交流评分的学历分类描述性统计

学历		描述信息	统计	标准误差
社会交流	大专及以下	平均值	3.4615	0.14667
		方差	0.280	
		标准偏差	0.52882	
		最小值	2.75	
		最大值	4.00	
		偏度	0.050	0.616
		峰度	– 2.183	1.191
	本科	平均值	2.6920	0.04357
		方差	0.448	
		标准偏差	0.66934	
		最小值	1.00	
		最大值	4.00	
		偏度	0.073	0.158
		峰度	– 0.225	0.316
	硕士	平均值	2.6051	0.04226
		方差	0.420	
		标准偏差	0.64781	
		最小值	1.00	
		最大值	4.00	
		偏度	0.045	0.159
		峰度	– 0.035	0.316
	博士	平均值	2.5447	0.09394
		方差	0.521	
		标准偏差	0.72153	
		最小值	1.00	
		最大值	4.00	
		偏度	0.104	0.311
		峰度	0.593	0.613

5. 人才培养学历独立样本检验

运用 SPSS26.0 对人才培养绩效评价重要性分布在学历的类别中进行独立样本检验，以检验人才培养在不同学历绩效评价差异的显著性，其结果如表 3 - 72 至表 3 - 74 所示。

表 3 - 72　　　　　　　　　　**假设检验摘要**

原假设	检验	显著性	决策
在学历的类别中，人才培养的分布相同	独立样本克鲁斯卡尔 - 沃利斯检验	0.000	拒绝原假设

注：显示了渐进显著性。显著性水平为 0.05。

表 3 - 73　　　　　　**独立样本克鲁斯卡尔 - 沃利斯检验摘要**

总计 N	543
检验统计	26.054[a]
自由度	3
渐进显著性（双侧检验）	0.000

注：a. 检验统计将针对绑定值进行调整。

表 3 - 74　　　　　　　　　　**学历的成对比较**

Sample 1 - Sample 2	检验统计	标准误差	标准检验统计	显著性	Adj. 显著性[a]
博士—硕士	58.164	22.654	2.568	0.010	0.061
博士—本科	87.093	22.644	3.846	0.000	0.001
博士—大专及以下	206.389	47.664	4.330	0.000	0.000
硕士—本科	28.929	14.337	2.018	0.044	0.262
硕士—大专及以下	148.225	44.325	3.344	0.001	0.005
本科—大专及以下	119.296	44.320	2.692	0.007	0.043

注：每行都检验"样本 1 与样本 2 的分布相同"这一原假设。
显示了渐进显著性（双侧检验）。显著性水平为 0.05。
a. 已针对多项检验通过 Bonferroni 校正法调整显著性值。

通过上述独立样本克鲁斯卡尔－沃利斯检验可知，人才培养绩效评价在不同的学历中分布相同的假设方差相等的显著性为0.000，小于0.05，则能够拒绝原假设，即在学历的区分下，对人才培养的评价有较大差异。具体来说，在学历的成对比较中显示，由假设博士与硕士、博士与本科、博士与大专及以下、硕士与本科、硕士与大专及以下和本科与大专及以下之间假设相等时的独立样本显著性分别为0.010、0.000、0.000、0.044、0.001和0.007，均小于0.05，拒绝原假设。表明博士与硕士相比较，二者群体对应的人才培养绩效评价分布有较大差异；博士与本科相比较，二者群体对应的人才培养绩效评价分布有较大差异；硕士与本科相比较，二者群体对应的人才培养绩效评价分布有较大差异；博士与大专及以下相比较，二者群体对应的人才培养绩效评价分布有较大差异；硕士与大专及以下相比较，二者群体对应的人才培养绩效评价分布有较大差异；本科与大专及以下相比较，二者群体对应的人才培养绩效评价分布有较大差异。

通过上述分析，从图3－74可知，在学历为大专及以下当中，在将人才培养作为绩效评价的重要性程度中，主要都集中在3.00～3.50之间，其中4.00都相对占比较大，平均值为3.42，大于2.50。表明在学历为大专及以下中较多教职工认为人才培养在绩效评价中重要性较高。从图3－75可知，在学历为本科当中，在将人才培养作为绩效评价的重要性程度中，主要都集中在2.00～4.00之间，总体上呈现出近似左偏正态分布的趋势，平均值为2.87，大于2.50。表明在学历为本科中较多教职工认为人才培养在绩效评价中重要性较高。从图3－76可知，在学历为硕士当中，在将人才培养作为绩效评价的重要性程度中，主要都集中在2.00～4.00之间，总体上呈现出近似左偏正态分布的趋势，平均值为2.74，大于2.50。表明在学历为硕士中较多教职工认为人才培养在绩效评价中重要性较高。从图3－77可知，在学历为博士当中，在将人才培养作为绩效评价的重要性程度中，主要都集中在2.00～3.00之间，其中 1.00 和 4.00 都占比较大，平均值为 2.47，小于 2.50。表明在学历为博士中较多教职工认为人才培养在绩效评价中重要性较低。从表 3 - 75 可知，博士的峰度和偏度绝对值小于 1，在四者中最近似符合正态分布。

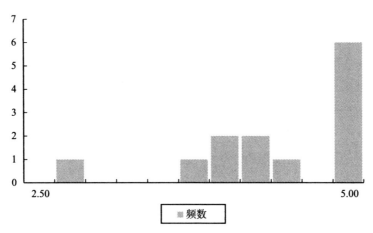

图 3 - 74　大专及以下人才培养维度直方图

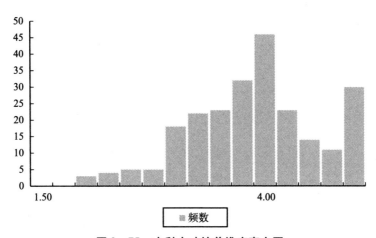

图 3 - 75　本科人才培养维度直方图

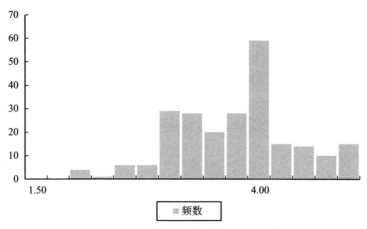

图 3 - 76　硕士人才培养维度直方图

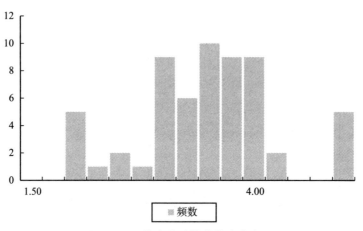

图 3 - 77　博士人才培养维度直方图

表 3 - 75　　　　　　　　人才培养评分的学历分类描述性统计

学历		描述信息	统计	标准误差
人才培养	大专及以下	平均值	3.4231	0.19070
		方差	0.473	
		标准偏差	0.68757	
		最小值	1.75	
		最大值	4.00	
		偏度	- 1.211	0.616
		峰度	1.484	1.191
	本科	平均值	2.8739	0.04629
		方差	0.506	
		标准偏差	0.71104	
		最小值	1.00	
		最大值	4.00	
		偏度	- 0.246	0.158
		峰度	- 0.268	0.316
	硕士	平均值	2.7447	0.04332
		方差	0.441	
		标准偏差	0.66404	
		最小值	1.00	
		最大值	4.00	
		偏度	- 0.131	0.159
		峰度	- 0.192	0.316
	博士	平均值	2.4703	0.09840
		方差	0.571	
		标准偏差	0.75585	
		最小值	1.00	
		最大值	4.00	
		偏度	- 0.022	0.311
		峰度	0.175	0.613

（五）工作年限

1. 科研成果工作年限独立样本检验

运用 SPSS26.0 对科研成果绩效评价重要性分布在工作年限的类别中进行独立样本检验，以检验科研成果在不同工作年限绩效评价差异的显著性，其结果如表 3-76 至表 3-79 所示。

表 3-76　　　　　　　　　　　　假设检验摘要

原假设	检验	显著性	决策
在工作年限的类别中，科研成果的分布相同	独立样本克鲁斯卡尔-沃利斯检验	0.022	拒绝原假设

注：显示了渐进显著性。显著性水平为 0.05。

表 3-77　　　　　　独立样本克鲁斯卡尔-沃利斯检验摘要

总计 N	543
检验统计	9.660[a]
自由度	3
渐进显著性（双侧检验）	0.022

注：a. 检验统计将针对绑定值进行调整。

表 3-78　　　　　　　　　　　学历的成对比较

Sample 1-Sample 2	检验统计	标准误差	标准检验统计	显著性	Adj. 显著性[a]
博士—硕士	58.164	22.654	2.568	0.010	0.061
博士—本科	87.093	22.644	3.846	0.000	0.001
博士—大专及以下	206.389	47.664	4.330	0.000	0.000

Sample 1 – Sample 2	检验统计	标准误差	标准检验统计	显著性	Adj. 显著性[a]
硕士—本科	28.929	14.337	2.018	0.044	0.262
硕士—大专及以下	148.225	44.325	3.344	0.001	0.005
本科—大专及以下	119.296	44.320	2.692	0.007	0.043

注：每行都检验"样本1与样本2的分布相同"这一原假设。
显示了渐进显著性（双侧检验）。显著性水平为0.05。
a. 已针对多项检验通过 Bonferroni 校正法调整显著性值。

表 3 – 79　　　　　　　　　　工作年限的成对比较

Sample 1 – Sample 2	检验统计	标准误差	标准检验统计	显著性	Adj. 显著性[a]
9 年以上—7 ~ 9 年	32.381	21.852	1.482	0.138	0.830
9 年以上—4 ~ 6 年	39.998	17.052	2.346	0.019	0.114
9 年以上—3 年及以下	47.716	18.160	2.628	0.009	0.052
7 ~ 9 年4 ~ 6 年	7.617	23.793	0.320	0.749	1.000
7 ~ 9 年—3 年及以下	15.335	24.599	0.623	0.533	1.000
4 ~ 6 年—3 年及以下	7.718	20.453	0.377	0.706	1.000

注：每行都检验"样本1与样本2的分布相同"这一原假设。
显示了渐进显著性（双侧检验）。显著性水平为0.05。
a. 已针对多项检验通过 Bonferroni 校正法调整显著性值。

通过上述独立样本克鲁斯卡尔－沃利斯检验可知，科研成果绩效评价在不同的工作年限中分布相同的假设方差相等的显著性为0.022，小于0.05，则能够拒绝原假设，即在工作年限的区分下，对科研成果的评价有较大差异。具体来说，在工作年限的成对比较中显示，由假设9年以上与7 ~ 9年、9年以上与4 ~ 6年、9年以上与3年及以下、7 ~ 9年与4 ~ 6年、7 ~ 9年与3年及以下和4 ~ 6年与3年及以下之间假设相等时的独立样本显著性分别为0.138、0.019、0.009、0.749、0.533和0.706，其中只有 0.138、0.749、0.533、0.706 大于 0.05，保留原假设，其余两组均拒绝原假设。表明 9 年以上与 7~9 年相比较，二者群体对应的科研成果绩效评价分布相差不大；7~9 年与 4~6 年相比较，二者群体对应的科研成果绩效评价分布相差不大；7~9 年与 3 年及以下相比较，二者群体对应的科研成果绩效评价分布相差不大；4~6 年与 3 年及以下相比较，二者群体对应的科研成果绩效评价分布相差不大；9 年以上与 4~6 年相比较，二者群体对应的科研成果绩效评价分布有较大差异；9 年以上与 3 年及以下相比较，二者群体对应的科研成果绩效评价分布有较大差异。

通过上述分析，从图 3-78 可知，在工作年限为 3 年及以下当中，在将科研成果作为绩效评价的重要性程度中，主要都集中在 2.50~3.50 之间，其中 4.00 都相对占比较大，总体上呈现出近似左偏正态分布的趋势，平均值为 3.05，大于 2.50。表明在工作年限为 3 年及以下中较多教职工认为科研成果在绩效评价中重要性较高。从图 3-79 可知，在工作年限为 4~6 年当中，在将科研成果作为绩效评价的重要性程度中，主要都集中在 2.50~3.50 之间，其中 4.00 都相对占比较大，总体上呈现出近似左偏正态分布的趋势，平均值为 3.02，大于 2.50。表明在工作年限为 4~6 年中较多教职工认为科研成果在绩效评价中重要性较高。从图 3-80 可知，在工作年限为 7~9 年当中，在将科研成果作为绩效评价的重要性程度中，主要都集中在 2.00~3.50 之间，其中 4.00 都相对占比较大，平均值为 2.95，大于 2.50。表明在工作年限为 7~9 年中较多教职工认为科研成果在绩效评价中重要性较高。从图 3-81 可知，在工作年限为 9 年以上当中，在将科研成果作为绩效评价的重要性程度中，主要都集中在 2.50~3.50 之间，其中 4.00 都相对占比较大，平均值为 2.83，大于 2.50。表明在工作年限为 9 年以上中较多教职工认为科研成果在绩效评价中重要性较高。从表 3-80 可知，4~7 年的峰度和偏度绝对值小于 1，在四者中最近似符合正态分布。

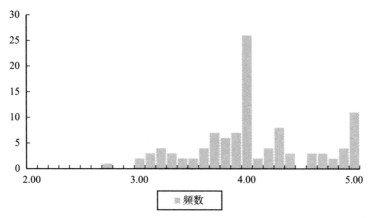

图 3 - 78　3 年及以下科研成果维度直方图

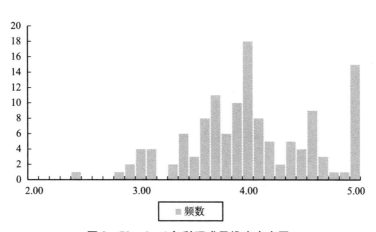

图 3 - 79　4～6 年科研成果维度直方图

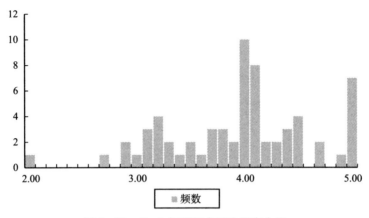

图 3 - 80　7 ~ 9 年科研成果维度直方图

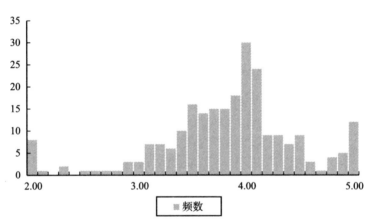

图 3 - 81　9 年以上科研成果维度直方图

表 3 - 80　　　　　　科研成果评分的工作年限分类描述性统计

工作年限		描述信息	统计	标准误差
科研成果	3 年以下	平均值	3. 0523	0. 05321
		方差	0. 303	
		标准偏差	0. 55036	
		最小值	1. 70	

续表

工作年限		描述信息	统计	标准误差
科研成果	3 年以下	最大值	4.00	
		偏度	0.078	0.234
		峰度	−0.407	0.463
	4~6 年	平均值	3.0217	0.05134
		方差	0.340	
		标准偏差	0.58309	
		最小值	1.40	
		最大值	4.00	
		偏度	−0.053	0.213
		峰度	−0.361	0.423
	7~9 年	平均值	2.9508	0.08051
		方差	0.421	
		标准偏差	0.64907	
		最小值	1.00	
		最大值	4.00	
		偏度	−0.368	0.297
		峰度	0.146	0.586
	9 年以上	平均值	2.8281	0.04104
		方差	0.408	
		标准偏差	0.63843	
		最小值	1.00	
		最大值	4.00	
		偏度	−0.669	0.156
		峰度	1.132	0.312

2. 教学质量工作年限独立样本检验

运用 SPSS26.0 对教学质量绩效评价重要性分布在工作年限的类别中进行独立样本检验，以检验教学质量在不同工作年限段绩效评价差异的显著性，其结果如表 3 - 81 和表 3 - 82 所示。

表 3 - 81　　　　　　　　　　假设检验摘要

原假设	检验	显著性	决策
在工作年限的类别中，教学质量的分布相同	独立样本克鲁斯卡尔 - 沃利斯检验	0.346	保留原假设

注：显示了渐进显著性。显著性水平为 0.050。

表 3 - 82　　　　　　独立样本克鲁斯卡尔 - 沃利斯检验摘要

总计 N	543
检验统计	3.312[a,b]
自由度	3
渐进显著性（双侧检验）	0.346

注：a. 检验统计将针对绑定值进行调整。
b. 由于总体检验未检测出样本间存在显著差异，因此未执行多重比较。

通过上述独立样本克鲁斯卡尔 - 沃利斯检验可知，教学质量绩效评价在不同的工作年限中分布相同的假设方差相等的显著性为 0.346，大于0.05，则能够接受原假设，即在工作年限的区分下，对教学质量的评价相差不大。

通过上述分析，从图 3 - 82 可知，在工作年限为 3 年及以下当中，在将教学质量作为绩效评价的重要性程度中，主要都集中在 2.50 ~ 3.50 之间，其中 4.00 都相对占比较大，总体上呈现出近似左偏正态分布的趋势，平均值为 3.18，大于 2.50。表明在工作年限为 3 年及以下中较多教职工认为教学质量在绩效评价中重要性较高。从图 3 - 83 可知，在工作年限为

4～6 年当中，在将教学质量作为绩效评价的重要性程度中，主要都集中在 2.50～4.00 之间，总体上呈现出近似左偏正态分布的趋势，平均值为 3.11，大于 2.50。表明在工作年限为 4～6 年中较多教职工认为教学质量在绩效评价中重要性较高。从图 3－84 可知，在工作年限为 7～9 年当中，在将教学质量作为绩效评价的重要性程度中，主要都集中在 2.50～4.00 之间，总体上呈现出近似左偏正态分布的趋势，平均值为 3.23，大于 2.50。表明在工作年限为 7～9 年中较多教职工认为教学质量在绩效评价

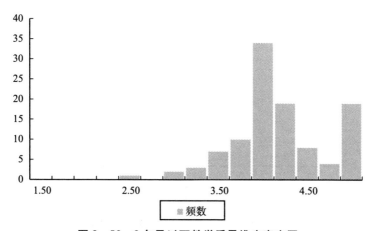

图 3－82　3 年及以下教学质量维度直方图

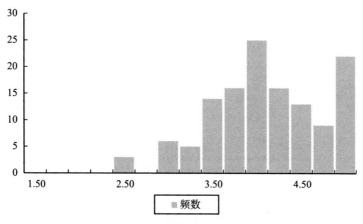

图 3－83　4～6 年教学质量维度直方图

中重要性较高。从图 3 - 85 可知，在工作年限为 9 年以上当中，在将教学质量作为绩效评价的重要性程度中，主要都集中在 2. 50 ~ 4. 00 之间，总体上呈现出近似左偏正态分布的趋势，平均值为 3. 08，大于 2. 50。表明在工作年限为 9 年以上中较多教职工认为教学质量在绩效评价中重要性较高。从表 3 - 83 可知，3 年及以下的峰度和偏度绝对值小于 1，在四者中最近似符合正态分布。

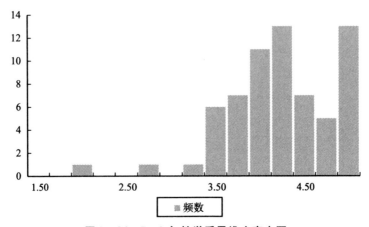

图 3 - 84 7 ~ 9 年教学质量维度直方图

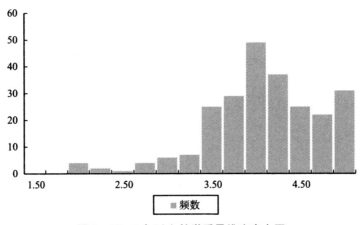

图 3 - 85 9 年以上教学质量维度直方图

表 3 - 83   教学质量评分的工作年限分类描述性统计

工作年限		描述信息	统计	标准误差
教学质量	3 年以下	平均值	3.1776	0.05089
		方差	0.277	
		标准偏差	0.52643	
		最小值	1.50	
		最大值	4.00	
		偏度	-0.128	0.234
		峰度	0.168	0.463
	4~6 年	平均值	3.1085	0.05495
		方差	0.389	
		标准偏差	0.62410	
		最小值	1.50	
		最大值	4.00	
		偏度	-0.292	0.213
		峰度	-0.385	0.423
	7~9 年	平均值	3.2269	0.07450
		方差	0.361	
		标准偏差	0.60066	
		最小值	1.00	
		最大值	4.00	
		偏度	-0.857	0.297
		峰度	1.783	0.586
	9 年以上	平均值	3.0837	0.04117
		方差	0.410	
		标准偏差	0.64050	
		最小值	1.00	
		最大值	4.00	
		偏度	-0.755	0.156
		峰度	0.977	0.312

3. 行政满意度工作年限独立样本检验

运用 SPSS26.0 对行政满意度绩效评价重要性分布在工作年限的类别中进行独立样本检验，以检验行政满意度在不同工作年限段绩效评价差异的显著性，其结果如表 3-84 至表 3-86 所示。

表 3-84　　　　　　　　　假设检验摘要

原假设	检验	显著性	决策
在工作年限的类别中，行政满意度的分布相同	独立样本克鲁斯卡尔-沃利斯检验	0.042	拒绝原假设

注：显示了渐进显著性。显著性水平为 0.05。

表 3-85　　　　　　独立样本克鲁斯卡尔-沃利斯检验摘要

总计 N	543
检验统计	8.214^{a}
自由度	3
渐进显著性（双侧检验）	0.042

注：a. 检验统计将针对绑定值进行调整。

表 3-86　　　　　　　　　工作年限的成对比较

Sample 1 – Sample 2	检验统计	标准误差	标准检验统计	显著性	Adj. 显著性[a]
7~9 年—3 年及以下	26.208	23.262	1.127	0.260	1.000
7~9 年—9 年以上	-42.185	20.665	-2.041	0.041	0.247
7~9 年—4~6 年	60.760	22.500	2.701	0.007	0.042
3 年及以下—9 年以上	-15.977	17.173	-0.930	0.352	1.000
3 年及以下—4~6 年	-34.552	19.342	-1.786	0.074	0.444
9 年以上—4~6 年	18.575	16.125	1.152	0.249	1.000

注：每行都检验"样本 1 与样本 2 的分布相同"这一原假设。
显示了渐进显著性（双侧检验）。显著性水平为 0.05。
a. 已针对多项检验通过 Bonferroni 校正法调整显著性值。

通过上述独立样本克鲁斯卡尔－沃利斯检验可知，行政满意度绩效评价在不同的工作年限中分布相同的假设方差相等的显著性为 0.042，小于 0.05，则能够拒绝原假设，即在工作年限的区分下，对行政满意度的评价有较大差异。具体来说，在工作年限的成对比较中显示，由假设 9 年以上与 7～9 年、9 年以上与 4～6 年、9 年以上与 3 年及以下、7～9 年与 4～6 年、7～9 年与 3 年及以下和 4～6 年与 3 年及以下之间假设相等时的独立样本显著性分别为 0.041、0.249、0.352、0.007、0.260 和 0.074，其中只有 0.260、0.352、0.074、0.249 大于 0.05，保留原假设，其余两组均拒绝原假设。表明 9 年以上与 7～9 年相比较，二者群体对应的行政满意度绩效评价分布相差不大；7～9 年与 4～6 年相比较，二者群体对应的行政满意度绩效评价分布相差不大；7～9 年与 3 年及以下相比较，二者群体对应的行政满意度绩效评价分布相差不大；4～6 年与 3 年及以下相比较，二者群体对应的行政满意度绩效评价分布相差不大；9 年以上与 4～6 年相比较，二者群体对应的行政满意度绩效评价分布有较大差异；9 年以上与 3 年及以下相比较，二者群体对应的行政满意度绩效评价分布有较大差异。

通过上述分析，从图 3－86 可知，在工作年限为 3 年及以下当中，在将行政满意度作为绩效评价的重要性程度中，主要都集中在 2.00～4.00之间，平均值为 3.11，大于 2.50。表明在工作年限为 3 年及以下中较多教职工认为行政满意度在绩效评价中重要性较高。从图 3－87 可知，在工作年限为 4～6 年当中，在将行政满意度作为绩效评价的重要性程度中，主要都集中在 3.00～4.00 之间，总体上呈现出近似左偏正态分布的趋势，平均值为 3.23，大于 2.50。表明在工作年限为 4～6 年中较多教职工认为行政满意度在绩效评价中重要性较高。从图 3－88 可知，在工作年限为7～9 年当中，在将行政满意度作为绩效评价的重要性程度中，主要都集中在 2.00～4.00 之间，总体上呈现出近似左偏正态分布的趋势，平均值为 3.00，大于 2.50。表明在工作年限为 7～9 年中较多教职工认为行政满意度在绩效评价中重要性较高。从图 3－89 可知，在工作年限为 9 年以上当中，在将行政满意度作为绩效评价的重要性程度中，主要都集中在2.00~4.00之间，总体上呈现出近似左偏正态分布的趋势，平均值为3.18，大于2.50。表明在工作年限为9年以上中较多教职工认为行政满意度在绩效评价中重要性较高。从表3-87可知，9年以上的峰度和偏度绝对值小于1，在四者中最近似符合正态分布。

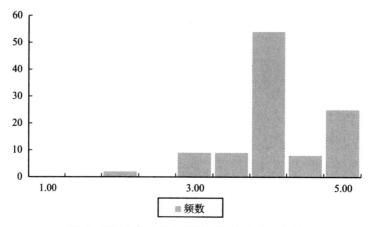

图3-86 3年及以下行政满意度维度直方图

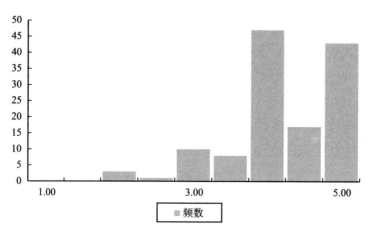

图3-87 4~6年行政满意度维度直方图

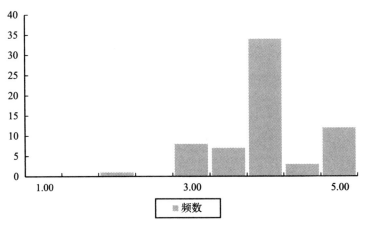

图 3 − 88　7 ~ 9 年行政满意度维度直方图

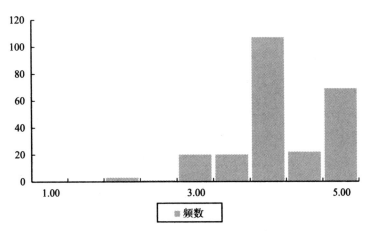

图 3 − 89　9 年以上行政满意度维度直方图

表 3 - 87   行政满意度评分的工作年限分类描述性统计

工作年限		描述信息	统计	标准误差
行政满意度	3 年以下	平均值	3.1075	0.06300
		方差	0.425	
		标准偏差	0.65166	
		最小值	1.00	
		最大值	4.00	
		偏度	-0.513	0.234
		峰度	0.804	0.463
	4~6 年	平均值	3.2326	0.06347
		方差	0.520	
		标准偏差	0.72091	
		最小值	1.00	
		最大值	4.00	
		偏度	-0.874	0.213
		峰度	0.689	0.423
	7~9 年	平均值	3.0000	0.07981
		方差	0.414	
		标准偏差	0.64348	
		最小值	1.00	
		最大值	4.00	
		偏度	-0.272	0.297
		峰度	0.520	0.586
	9 年以上	平均值	3.1756	0.04269
		方差	0.441	
		标准偏差	0.66409	
		最小值	1.00	
		最大值	4.00	
		偏度	-0.506	0.156
		峰度	0.236	0.312

4. 社会交流工作年限独立样本检验

运用 SPSS26.0 对社会交流绩效评价重要性分布在工作年限的类别中进行独立样本检验，以检验社会交流在不同工作年限段绩效评价差异的显著性，其结果如表 3 - 88 和表 3 - 89 所示。

表 3 - 88　　　　　　　　　　　　**假设检验摘要**

原假设	检验	显著性	决策
在工作年限的类别中，社会交流的分布相同	独立样本克鲁斯卡尔 - 沃利斯检验	0.218	保留原假设

注：显示了渐进显著性。显著性水平为 0.05。

表 3 - 89　　　　　　　　**独立样本克鲁斯卡尔 - 沃利斯检验摘要**

总计 N	543
检验统计	$4.439^{a,b}$
自由度	3
渐进显著性（双侧检验）	0.218

注：a. 检验统计将针对绑定值进行调整。

b. 由于总体检验未检测出样本间存在显著差异，因此未执行多重比较。

通过上述独立样本克鲁斯卡尔 - 沃利斯检验可知，社会交流绩效评价在不同的工作年限中分布相同的假设方差相等的显著性为 0.218，大于 0.05，则能够接受原假设，即在工作年限的区分下，对社会交流的评价相差不大。

通过上述分析，从图 3 - 90 可知，在工作年限为 3 年及以下当中，在将社会交流作为绩效评价的重要性程度中，主要都集中在 2.00 ~ 3.00 之间，其中 4.00 都相对占比较大，总体上呈现出近似左偏正态分布的趋势，平均值为 2.73，大于 2.50。表明在工作年限为 3 年及以下中较多教职工认为社会交流在绩效评价中重要性较高。从图 3 - 91 可知，在工作年限为

4~6年当中，在将社会交流作为绩效评价的重要性程度中，主要都集中在2.00~3.00之间，其中4.00都相对占比较大，总体上呈现出近似左偏正态分布的趋势，平均值为2.73，大于2.50。表明在工作年限为4~6年中较多教职工认为社会交流在绩效评价中重要性较高。从图3-92可知，在工作年限为7~9年当中，在将社会交流作为绩效评价的重要性程度中，主要都集中在2.00~3.00之间，其中4.00都相对占比较大，总体上呈现

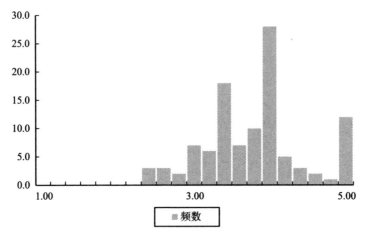

图3-90　3年及以下社会交流维度直方图

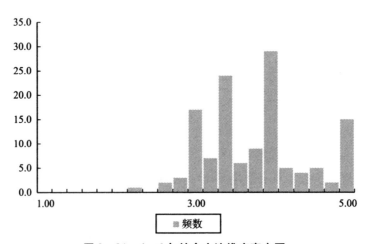

图3-91　4~6年社会交流维度直方图

出近似左偏正态分布的趋势，平均值为 2.71，大于 2.50。表明在工作年限为 7～9 年中较多教职工认为社会交流在绩效评价中重要性较高。从图 3－93 可知，在工作年限为 9 年以上当中，在将社会交流作为绩效评价的重要性程度中，主要都集中在 2.00～3.00 之间，平均值为 2.57，大于 2.50。表明在工作年限为 9 年以上中较多教职工认为社会交流在绩效评价中重要性较高。从表 3－90 可知，7～9 年的峰度和偏度绝对值小于 1，在四者中最近似符合正态分布。

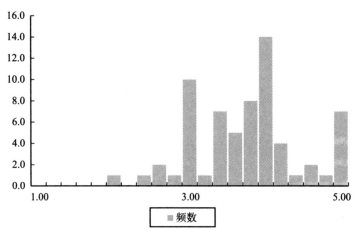

图 3－92　7～9 年社会交流维度直方图

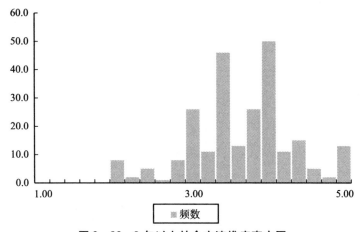

图 3－93　9 年以上社会交流维度直方图

表 3 - 90   **社会交流评分的工作年限分类描述性统计**

工作年限		描述信息	统计	标准误差
社会交流	3 年以下	平均值	2.7262	0.06484
		方差	0.450	
		标准偏差	0.67070	
		最小值	1.25	
		最大值	4.00	
		偏度	0.122	0.234
		峰度	-0.204	0.463
	4~6 年	平均值	2.7303	0.05936
		方差	0.455	
		标准偏差	0.67419	
		最小值	1.13	
		最大值	4.00	
		偏度	0.367	0.213
		峰度	-0.493	0.423
	7~9 年	平均值	2.7072	0.08639
		方差	0.485	
		标准偏差	0.69647	
		最小值	1.00	
		最大值	4.00	
		偏度	0.059	0.297
		峰度	-0.209	0.586
	9 年以上	平均值	2.5735	0.04286
		方差	0.445	
		标准偏差	0.66679	
		最小值	1.00	
		最大值	4.00	
		偏度	-0.129	0.156
		峰度	0.110	0.312

5. 人才培养工作年限独立样本检验

运用 SPSS26.0 对人才培养绩效评价重要性分布在工作年限的类别中进行独立样本检验，以检验人才培养在不同工作年限段绩效评价差异的显著性，其结果如表 3 - 91 和表 3 - 92 所示。

表 3 - 91 设检验摘要

原假设	检验	显著性	决策
在工作年限的类别中，人才培养的分布相同	独立样本克鲁斯卡尔 - 沃利斯检验	0.164	保留原假设

注：显示了渐进显著性。显著性水平为 0.05。

表 3 - 92 独立样本克鲁斯卡尔 - 沃利斯检验摘要

总计 N	543
检验统计	$5.109^{a,b}$
自由度	3
渐进显著性（双侧检验）	0.164

注：a. 检验统计将针对绑定值进行调整。
b. 由于总体检验未检测出样本间存在显著差异，因此未执行多重比较。

通过上述独立样本克鲁斯卡尔 - 沃利斯检验可知，人才培养绩效评价在不同的工作年限中分布相同的假设方差相等的显著性为 0.164，大于 0.05，则能够接受原假设，即在工作年限的区分下，对人才培养的评价相差不大。

通过上述分析，从图 3 - 94 可知，在工作年限为 3 年及以下当中，在将人才培养作为绩效评价的重要性程度中，主要都集中在 2.00 ~ 4.00 之间，总体上呈现出近似左偏正态分布的趋势，平均值为 2.85，大于 2.50。表明在工作年限为 3 年及以下中较多教职工认为人才培养在绩效评价中重要性较高。从图 3 - 95 可知，在工作年限为 4 ~ 6 年当中，在将人才培养作为绩效评价的重要性程度中，主要都集中在 2.00 ~ 4.00 之间，总体上呈现出近似左偏正态分布的趋势，平均值为 2.81，大于 2.50。表明在工作年限为 4 ~ 6 年中较多教职工认为人才培养在绩效评价中重要性较高。

从图 3 – 96 可知，在工作年限为 7 ~ 9 年当中，在将人才培养作为绩效评价的重要性程度中，主要都集中在 2.50 ~ 3.00 之间，其中 4.00 都相对占比较大，总体上呈现出近似左偏正态分布的趋势，平均值为 2.91，大于

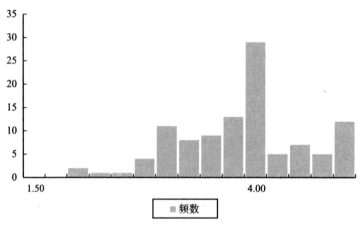

图 3 – 94   3 年及以下人才培养维度直方图

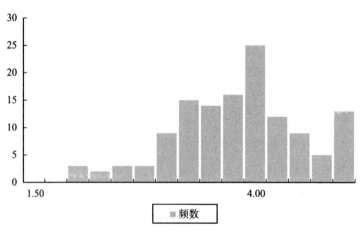

图 3 – 95   4 ~ 6 年人才培养维度直方图

2.50。表明在工作年限为7~9年中较多教职工认为人才培养在绩效评价中重要性较高。从图3-97可知，在工作年限为9年以上当中，在将人才培养作为绩效评价的重要性程度中，主要都集中在2.00~3.00之间，其中4.00都相对占比较大，总体上呈现出近似左偏正态分布的趋势，平均值为2.72，大于2.50。表明在工作年限为9年以上中较多教职工认为人才培养在绩效评价中重要性较高。从表3-93可知，7~9年的峰度和偏度绝对值小于1，在四者中最近似符合正态分布。

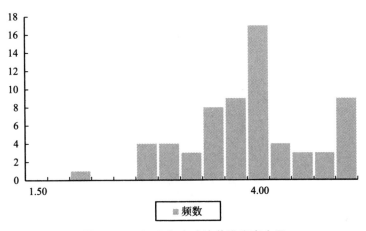

图3-96　7~9年人才培养维度直方图

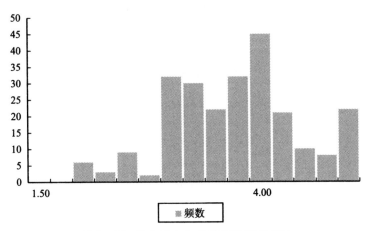

图3-97　9年以上人才培养维度直方图

表 3 - 93   **人才培养评分的工作年限分类描述性统计**

工作年限		描述信息	统计	标准误差
人才培养	3 年以下	平均值	2.8458	0.06801
		方差	0.495	
		标准偏差	0.70347	
		最小值	1.00	
		最大值	4.00	
		偏度	-0.236	0.234
		峰度	-0.168	0.463
	4~6 年	平均值	2.8081	0.06301
		方差	0.512	
		标准偏差	0.71569	
		最小值	1.00	
		最大值	4.00	
		偏度	-0.281	0.213
		峰度	-0.121	0.423
	7~9 年	平均值	2.9115	0.08447
		方差	0.464	
		标准偏差	0.68098	
		最小值	1.00	
		最大值	4.00	
		偏度	-0.183	0.297
		峰度	-0.055	0.586
	9 年以上	平均值	3.7169	0.04608
		方差	0.514	
		标准偏差	0.71690	
		最小值	1.00	
		最大值	4.00	
		偏度	-0.098	0.156
		峰度	-0.269	0.312

（六）工作岗位

1. 科研成果工作岗位独立样本检验

运用 SPSS26.0 对科研成果绩效评价重要性分布在工作岗位的类别中进行独立样本检验，以检验科研成果在不同工作岗位段绩效评价差异的显著性，其结果如表 3－94 至表 3－96 所示。

表 3－94　　　　　　　　　　假设检验摘要

原假设	检验	显著性	决策
在工作岗位的类别中，科研成果的分布相同	独立样本克鲁斯卡尔－沃利斯检验	0.010	拒绝原假设

注：显示了渐进显著性。显著性水平为 0.050。

表 3－95　　　　　　独立样本克鲁斯卡尔－沃利斯检验摘要

总计 N	543
检验统计	11.364[a]
自由度	3
渐进显著性（双侧检验）	0.010

注：a. 检验统计将针对绑定值进行调整。

表 3－96　　　　　　　　　工作岗位的成对比较

Sample 1 - Sample 2	检验统计	标准误差	标准检验统计	显著性	Adj. 显著性[a]
专业技术人员——一般行政岗	20.642	18.023	1.145	0.252	1.000
专业技术人员——中层以上管理人员	39.513	20.669	1.912	0.056	0.335
专业技术人员——辅导员/实验岗	77.816	26.159	2.975	0.003	0.018
一般行政岗——中层以上管理人员	－18.871	24.634	－0.766	0.444	1.000

Sample 1 – Sample 2	检验统计	标准误差	标准检验统计	显著性	Adj. 显著性[a]
一般行政岗—辅导员/实验岗	– 57.174	29.393	– 1.945	0.052	0.311
中层以上管理人员—辅导员/实验岗	– 38.303	31.085	– 1.232	0.218	1.000

注：每行都检验"样本 1 与样本 2 的分布相同"这一原假设。

显示了渐进显著性（双侧检验）。显著性水平为 0.05。

a. 已针对多项检验通过 Bonferroni 校正法调整显著性值。

通过上述独立样本克鲁斯卡尔 – 沃利斯检验可知，科研成果绩效评价在不同的工作岗位中分布相同的假设方差相等的显著性为 0.010，小于 0.05，则能够拒绝原假设，即在工作岗位的区分下，对科研成果的评价有较大差异。具体来说，在工作岗位的成对比较中显示，由假设专业技术人员——一般行政岗岗位、专业技术人员—中层以上管理人员、专业技术人员—辅导员/实验岗、一般行政岗位—中层以上管理人员、一般行政岗位—辅导员/实验岗和中层以上管理人员—辅导员/实验岗之间假设相等时的独立样本显著性分别为 0.252、0.056、0.003、0.444、0.052 和 0.218，其中只有 0.252、0.056、0.444、0.052、0.218 大于 0.05，保留原假设，其余一组拒绝原假设。表明专业技术人员——一般行政岗岗位相比较，二者群体对应的科研成果绩效评价分布相差不大；专业技术人员—中层以上管理人员相比较，二者群体对应的科研成果绩效评价分布相差不大；一般行政岗位—中层以上管理人员相比较，二者群体对应的科研成果绩效评价分布相差不大；一般行政岗位—辅导员/实验岗相比较，二者群体对应的科研成果绩效评价分布相差不大；中层以上管理人员—辅导员/实验岗相比较，二者群体对应的科研成果绩效评价分布相差不大；专业技术人员—辅导员/实验岗相比较，二者群体对应的科研成果绩效评价分布有较大差异。

通过上述分析，从图 3 – 98 可知，在工作岗位为一般行政岗位当中，在将科研成果作为绩效评价的重要性程度中，主要都集中在 2.00～3.50

之间，其中4.00都相对占比较大，平均值为2.97，大于2.50。表明在工作岗位为一般行政岗位中较多教职工认为科研成果在绩效评价中重要性较高。从图3-99可知，在工作岗位为中层及以上管理人员当中，在将科研成果作为绩效评价的重要性程度中，主要都集中在2.50~3.50之间，其中4.00都相对占比较大，总体上呈现出近似左偏正态分布的趋势，平均值为3.03，大于2.50。表明在工作岗位为中层及以上管理人员中较多教职工认为科研成果在绩效评价中重要性较高。从图3-100可知，在工作岗位为辅导员/实验岗当中，在将科研成果作为绩效评价的重要性程度中，主要都集中在2.50~3.00之间，其中4.00都相对占比较大，平均值为3.21，大于2.50。表明在工作岗位为辅导员/实验岗中较多教职工认为科研成果在绩效评价中重要性较高。从图3-101可知，在工作岗位为专业技术人员当中，在将科研成果作为绩效评价的重要性程度中，主要都集中在2.50~3.50之间，其中4.00都相对占比较大，总体上呈现出近似左偏正态分布的趋势，平均值为2.87，大于2.50。表明在工作岗位为专业技术人员中较多教职工认为科研成果在绩效评价中重要性较高。从表3-97可知，一般行政岗位的峰度和偏度绝对值小于1，在四者中最近似符合正态分布。

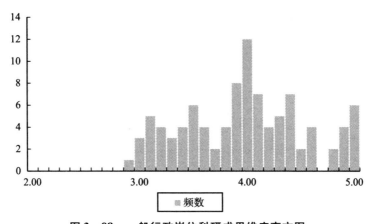

图3-98　一般行政岗位科研成果维度直方图

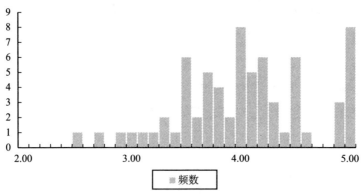

图 3 – 99　中层及以上管理人员科研成果维度直方图

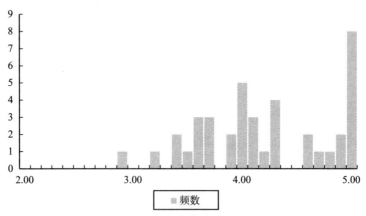

图 3 – 100　辅导员/实验岗科研成果维度直方图

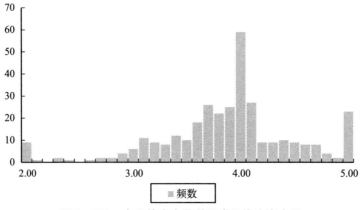

图 3 – 101　专业技术人员科研成果维度直方图

表 3 - 97   **科研成果评分的工作岗位分类描述性统计**

工作岗位		描述信息	统计	标准误差
科研成果	一般行政岗位	平均值	2.9722	0.05721
		方差	0.317	
		标准偏差	0.56342	
		最小值	1.90	
		最大值	4.00	
		偏度	0.072	0.245
		峰度	-0.738	0.485
	中层以上管理人员	平均值	3.0348	0.07199
		方差	0.358	
		标准偏差	0.59799	
		最小值	1.50	
		最大值	4.00	
		偏度	-0.162	0.289
		峰度	-0.222	0.570
	辅导员/实验岗	平均值	3.2075	0.09394
		方差	0.353	
		标准偏差	0.59415	
		最小值	1.90	
		最大值	4.00	
		偏度	-0.095	0.374
		峰度	-0.957	0.733
	专业技术人员	平均值	2.8682	0.03417
		方差	0.393	
		标准偏差	0.62723	
		最小值	1.00	
		最大值	4.00	
		偏度	-0.605	0.133
		峰度	1.108	0.265

2. 教学质量工作岗位独立样本检验

运用 SPSS26.0 对教学质量绩效评价重要性分布在工作岗位的类别中进行独立样本检验，以检验教学质量在不同工作岗位段绩效评价差异的显著性，其结果如表 3 - 98 至表 3 - 100 所示。

表 3 - 98   假设检验摘要

原假设	检验	显著性	决策
在工作岗位的类别中，教学质量的分布相同	独立样本克鲁斯卡尔 - 沃利斯检验	0.000	拒绝原假设

注：显示了渐进显著性。显著性水平为 0.05。

表 3 - 99   独立样本克鲁斯卡尔 - 沃利斯检验摘要

总计 N	543
检验统计	22.852[a]
自由度	3
渐进显著性（双侧检验）	0.000

注：a. 检验统计将针对绑定值进行调整。

表 3 - 100   工作岗位的成对比较

Sample 1 - Sample 2	检验统计	标准误差	标准检验统计	显著性	Adj. 显著性[a]
专业技术人员——一般行政岗位	47.037	17.879	2.631	0.009	0.051
专业技术人员—中层以上管理人员	71.974	20.503	3.510	0.000	0.003
专业技术人员—辅导员/实验岗	84.377	25.949	3.252	0.001	0.007
一般行政岗位—中层以上管理人员	-24.937	24.436	-1.020	0.307	1.000

Sample 1 – Sample 2	检验统计	标准误差	标准检验统计	显著性	Adj. 显著性[a]
一般行政岗位—辅导员/实验岗	- 37. 339	29. 157	- 1. 281	0. 200	1. 000
中层以上管理人员—辅导员/实验岗	- 12. 402	30. 836	- 0. 402	0. 688	1. 000

注：每行都检验"样本1与样本2的分布相同"这一原假设。
显示了渐进显著性（双侧检验）。显著性水平为0.05。
a. 已针对多项检验通过 Bonferroni 校正法调整显著性值。

通过上述独立样本克鲁斯卡尔－沃利斯检验可知，教学质量绩效评价在不同的工作岗位中分布相同的假设方差相等的显著性为 0. 000，小于 0. 05，则能够拒绝原假设，即在工作岗位的区分下，对教学质量的评价有较大差异。具体来说，在工作岗位的成对比较中显示，由假设专业技术人员——一般行政岗岗位、专业技术人员—中层以上管理人员、专业技术人员—辅导员/实验岗、一般行政岗位—中层以上管理人员、一般行政岗位—辅导员/实验岗和中层以上管理人员—辅导员/实验岗之间假设相等时的独立样本显著性分别为 0. 009、0. 000、0. 001、0. 307、0. 200 和 0. 688，其中只有 0. 307、0. 200、0. 688 大于 0. 05，保留原假设，其余三组拒绝原假设。表明一般行政岗位—中层以上管理人员相比较，二者群体对应的教学质量绩效评价分布相差不大；一般行政岗位—辅导员/实验岗相比较，二者群体对应的教学质量绩效评价分布相差不大；中层以上管理人员—辅导员/实验岗相比较，二者群体对应的教学质量绩效评价分布相差不大；专业技术人员——般行政岗岗位相比较，二者群体对应的教学质量绩效评价分布有较大差异；专业技术人员—中层以上管理人员相比较，二者群体对应的教学质量绩效评价分布有较大差异；专业技术人员—辅导员/实验岗相比较，二者群体对应的教学质量绩效评价分布有较大差异。

通过上述分析，从图 3－102 可知，在工作岗位为一般行政岗位当中，在将教学质量作为绩效评价的重要性程度中，主要都集中在 2. 50～4. 00 之间，总体上呈现出近似左偏正态分布的趋势，平均值为 3. 23，大于

2.50。表明在工作岗位为一般行政岗位中较多教职工认为教学质量在绩效评价中重要性较高。从图 3-103 可知，在工作岗位为中层及以上管理人员当中，在将教学质量作为绩效评价的重要性程度中，主要都集中在3.00~4.00 之间，其中2.50 总体上呈现出近似左偏正态分布的趋势，平均值为3.32，大于2.50。表明在工作岗位为中层及以上管理人员中较多教职工认为教学质量在绩效评价中重要性较高。从图 3-104 可知，在工作岗位为辅导员/实验岗当中，在将教学质量作为绩效评价的重要性程度中，主要都集中在3.00~3.50 之间，其中4.00 都相对占比较大，总体上呈现出近似左偏正态分布的趋势，平均值为3.36，大于2.50。表明在工作岗位为辅导员/实验岗中较多教职工认为教学质量在绩效评价中重要性较高。从图 3-105 可知，在工作岗位为专业技术人员当中，在将教学质量作为绩效评价的重要性程度中，主要都集中在2.50~3.50 之间，其中4.00 都相对占比较大，总体上呈现出近似左偏正态分布的趋势，平均值为3.03，大于2.50。表明在工作岗位为专业技术人员中较多教职工认为教学质量在绩效评价中重要性较高。从表 3-101 可知，一般行政岗位的峰度和偏度绝对值小于1，在四者中最近似符合正态分布。

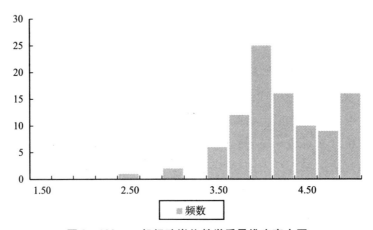

图 3-102　一般行政岗位教学质量维度直方图

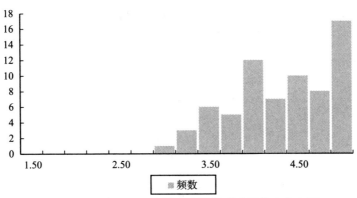

图 3-103　中层及以上管理人员教学质量维度直方图

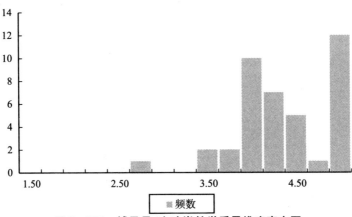

图 3-104　辅导员/实验岗教学质量维度直方图

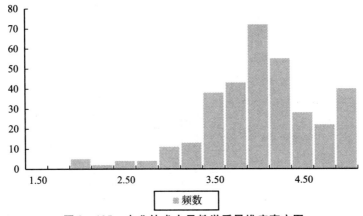

图 3-105　专业技术人员教学质量维度直方图

表 3 – 101　　　　　教学质量评分的工作岗位分类描述性统计

工作岗位		描述信息	统计	标准误差
教学质量	一般行政岗位	平均值	3.2294	0.05280
		方差	0.270	
		标准偏差	0.52000	
		最小值	1.50	
		最大值	4.00	
		偏度	− 0.306	0.245
		峰度	0.281	0.485
	中层以上管理人员	平均值	3.3225	0.06810
		方差	0.320	
		标准偏差	0.56572	
		最小值	2.00	
		最大值	4.00	
		偏度	− 0.395	0.289
		峰度	− 0.895	0.570
	辅导员/实验岗	平均值	3.3563	0.08534
		方差	0.291	
		标准偏差	0.53973	
		最小值	1.75	
		最大值	4.00	
		偏度	− 0.520	0.374
		峰度	0.368	0.733
	专业技术人员	平均值	3.0274	0.03446
		方差	0.400	
		标准偏差	0.63253	
		最小值	1.00	
		最大值	4.00	
		偏度	− 0.608	0.133
		峰度	0.766	0.265

3. 行政满意度工作岗位独立样本检验

运用 SPSS26.0 对行政满意度绩效评价重要性分布在工作岗位的类别中进行独立样本检验，以检验行政满意度在不同工作岗位段绩效评价差异的显著性，其结果如表 3 - 102 至表 3 - 104 所示。

表 3 - 102   假设检验摘要

原假设	检验	显著性	决策
在工作岗位的类别中，行政满意度的分布相同	独立样本克鲁斯卡尔 - 沃利斯检验	0.001	拒绝原假设

注：显示了渐进显著性。显著性水平为 0.05。

表 3 - 103   独立样本克鲁斯卡尔 - 沃利斯检验摘要

总计 N	543
检验统计	16.432^a
自由度	3
渐进显著性（双侧检验）	0.001

注：a. 检验统计将针对绑定值进行调整。

表 3 - 104   工作岗位的成对比较

Sample 1 - Sample 2	检验统计	标准误差	标准检验统计	显著性	Adj. 显著性[a]
一般行政岗位—中层以上管理人员	-59.480	23.295	-2.553	0.011	0.064
一般行政岗位—专业技术人员	-64.270	17.044	-3.771	0.000	0.001
一般行政岗位—辅导员/实验岗	-85.264	27.795	-3.068	0.002	0.013
中层以上管理人员—专业技术人员	-4.789	19.546	-0.245	0.806	1.000

Sample 1 – Sample 2	检验统计	标准误差	标准检验统计	显著性	Adj. 显著性[a]
中层以上管理人员—辅导员/实验岗	– 25.784	29.396	– 0.877	0.380	1.000
专业技术人员—辅导员/实验岗	20.994	24.737	0.849	0.396	1.000

注：每行都检验"样本 1 与样本 2 的分布相同"这一原假设。

显示了渐进显著性（双侧检验）。显著性水平为 0.05。

a. 已针对多项检验通过 Bonferroni 校正法调整显著性值。

通过上述独立样本克鲁斯卡尔－沃利斯检验可知，行政满意度绩效评价在不同的工作岗位中分布相同的假设方差相等的显著性为 0.001，小于 0.05，则能够拒绝原假设，即在工作岗位的区分下，对行政满意度的评价有较大差异。具体来说，在工作岗位的成对比较中显示，由假设专业技术人员——般行政岗岗位、专业技术人员—中层以上管理人员、专业技术人员—辅导员/实验岗、一般行政岗位—中层以上管理人员、一般行政岗位—辅导员/实验岗和中层以上管理人员—辅导员/实验岗之间假设相等时的独立样本显著性分别为 0.011、0.000、0.002、0.806、0.380 和 0.396，其中只有 0.806、0.380、0.396 大于 0.05，保留原假设，其余三组拒绝原假设。表明一般行政岗位—中层以上管理人员相比较，二者群体对应的行政满意度绩效评价分布相差不大；一般行政岗位—辅导员/实验岗相比较，二者群体对应的行政满意度绩效评价分布相差不大；中层以上管理人员—辅导员/实验岗相比较，二者群体对应的行政满意度绩效评价分布相差不大；专业技术人员——般行政岗岗位相比较，二者群体对应的行政满意度绩效评价分布有较大的差异；专业技术人员—中层以上管理人员相比较，二者群体对应的行政满意度绩效评价分布有较大差异；专业技术人员—辅导员/实验岗相比较，二者群体对应的行政满意度绩效评价分布有较大差异。

通过上述分析，从图 3－106 可知，在工作岗位为一般行政岗位当中，在将行政满意度作为绩效评价的重要性程度中，主要都集中在 2.00 ~

4.00 之间，总体上呈现出近似左偏正态分布的趋势，平均值为 2.94，大于 2.50。表明在工作岗位为一般行政岗位中较多教职工认为行政满意度在绩效评价中重要性较高。从图 3 - 107 可知，在工作岗位为中层及以上管理人员当中，在将行政满意度作为绩效评价的重要性程度中，主要都集中在 3.00 ~ 4.00 之间，总体上呈现出近似左偏正态分布的趋势，平均值为 3.19，大于 2.50。表明在工作岗位为中层及以上管理人员中较多教职工认为行政满意度在绩效评价中重要性较高。从图 3 - 108 可知，在工作岗位为辅导员/实验岗当中，在将行政满意度作为绩效评价的重要性程度中，主要都集中在 3.00 ~ 4.00 之间，总体上呈现出近似左偏正态分布的趋势，平均值为 3.31，大于 2.50。表明在工作岗位为辅导员/实验岗中较多教职工认为行政满意度在绩效评价中重要性较高。从图 3 - 109 可知，在工作岗位为专业技术人员当中，在将行政满意度作为绩效评价的重要性程度中，主要都集中在 3.00 ~ 4.00 之间，总体上呈现出近似左偏正态分布的趋势，平均值为 3.19，大于 2.50。表明在工作岗位为专业技术人员中较多教职工认为行政满意度在绩效评价中重要性较高。从表 3 - 105 可知，辅导员/实验岗的峰度和偏度绝对值小于 1，在四者中最近似符合正态分布。

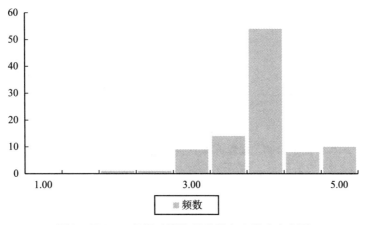

图 3 - 106　一般行政岗位行政满意度维度直方图

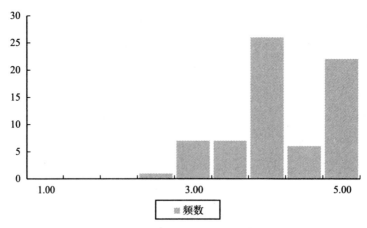

图 3 – 107　中层及以上管理人员行政满意度维度直方图

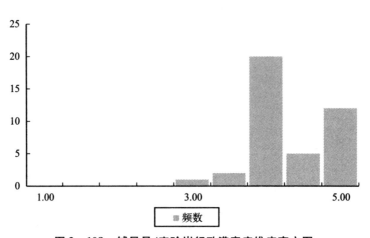

图 3 – 108　辅导员/实验岗行政满意度维度直方图

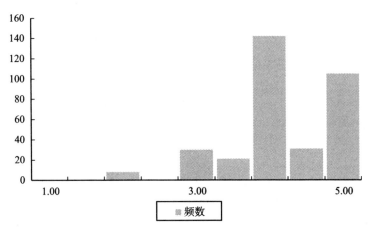

图 3 - 109　专业技术人员行政满意度维度直方图

表 3 - 105　　　　行政满意度评分的工作岗位分类描述性统计

工作岗位		描述信息	统计	标准误差
行政满意度	一般行政岗位	平均值	2.9433	0.05717
		方差	0.317	
		标准偏差	0.56308	
		最小值	1.00	
		最大值	4.00	
		偏度	- 0.353	0.245
		峰度	1.261	0.485
	中层以上管理人员	平均值	3.1884	0.08265
		方差	0.471	
		标准偏差	0.68654	
		最小值	1.50	
		最大值	4.00	
		偏度	- 0.331	0.289
		峰度	- 0.730	0.570

工作岗位		描述信息	统计	标准误差
行政满意度	辅导员/实验岗	平均值	3.3125	0.08337
		方差	0.278	
		标准偏差	0.52730	
		最小值	2.00	
		最大值	4.00	
		偏度	-0.002	0.374
		峰度	-0.647	0.733
	专业技术人员	平均值	3.1899	0.03850
		方差	0.500	
		标准偏差	0.70678	
		最小值	1.00	
		最大值	4.00	
		偏度	-0.727	0.133
		峰度	0.550	0.265

4. 社会交流工作岗位独立样本检验

运用 SPSS26.0 对社会交流绩效评价重要性分布在工作岗位的类别中进行独立样本检验，以检验社会交流在不同工作岗位段绩效评价差异的显著性，其结果如表 3－106 和表 3－107 所示。

表 3－106 假设检验摘要

原假设	检验	显著性	决策
在工作岗位的类别中，社会交流的分布相同	独立样本克鲁斯卡尔－沃利斯检验	0.120	保留原假设

注：显示了渐进显著性。显著性水平为 0.05。

表 3 – 107　　　　　　　　独立样本克鲁斯卡尔 – 沃利斯检验摘要

总计 N	543
检验统计	5.830[a,b]
自由度	3
渐进显著性（双侧检验）	0.120

注：a. 检验统计将针对绑定值进行调整。
b. 由于总体检验未检测出样本间存在显著差异，因此未执行多重比较。

　　通过上述独立样本克鲁斯卡尔 – 沃利斯检验可知，社会交流绩效评价在不同的工作岗位中分布相同的假设方差相等的显著性为 0.120，大于 0.05，则能够接受原假设，即在工作岗位的区分下，对社会交流的评价相差不大。

　　通过上述分析，从图 3 – 110 可知，在工作岗位为一般行政岗位当中，在将社会交流作为绩效评价的重要性程度中，主要都集中在 2.00 ~ 3.00 之间，其中 4.00 都相对占比较大，总体上呈现出近似左偏正态分布的趋势，平均值为 2.67，大于 2.50。表明在工作岗位为一般行政岗位中较多教职工认为社会交流在绩效评价中重要性较高。从图 3 – 111 可知，在工作岗位为中层及以上管理人员当中，在将社会交流作为绩效评价的重要性程度中，主要都集中在 2.00 ~ 4.00 之间，平均值为 2.76，大于 2.50。表明在工作岗位为中层及以上管理人员中较多教职工认为社会交流在绩效评价中重要性较高。从图 3 – 112 可知，在工作岗位为辅导员/实验岗当中，在将社会交流作为绩效评价的重要性程度中，主要都集中在 2.00 ~ 3.50 之间，其中 5.00 都相对占比较大，总体上呈现出近似左偏正态分布的趋势，平均值为 2.89，大于 2.50。表明在工作岗位为辅导员/实验岗中较多教职工认为社会交流在绩效评价中重要性较高。从图 3 – 113 可知，在工作岗位为专业技术人员当中，在将社会交流作为绩效评价的重要性程度中，主要都集中在 2.50 ~ 3.00 之间，其中 2.00 与 4.00 都相对占比较大，总体上呈现出近似左偏正态分布的趋势，平均值为2.61，大于2.50。表明在工作岗位为专业技术人员中较多教职工认为社会交流在绩效评价中重要性较高。从表3-108可知，辅导员/实验岗的峰度和偏度绝对值小于1，在四者中最近似符合正态分布。

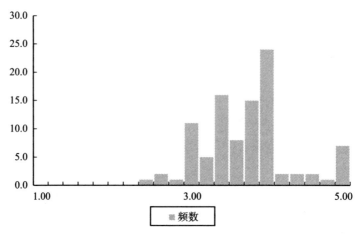

图3-110　一般行政岗位社会交流维度直方图

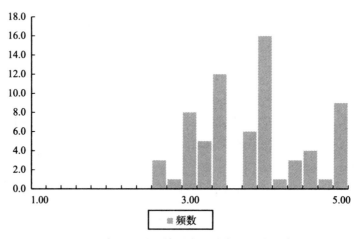

图3-111　中层及以上管理人员社会交流维度直方图

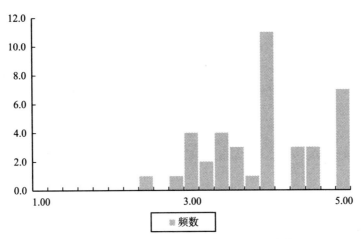

图 3 – 112　辅导员/实验岗社会交流维度直方图

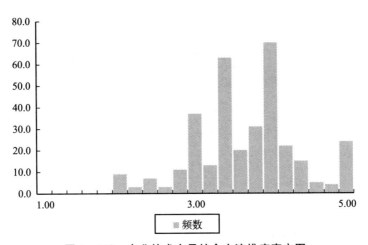

图 3 – 113　专业技术人员社会交流维度直方图

表 3 - 108   社会交流评分的工作岗位分类描述性统计

工作岗位		描述信息	统计	标准误差
社会交流	一般行政岗位	平均值	2.6654	0.05919
		方差	0.340	
		标准偏差	0.58299	
		最小值	1.38	
		最大值	4.00	
		偏度	0.392	0.245
		峰度	0.149	0.485
	中层以上管理人员	平均值	2.7591	0.08445
		方差	0.492	
		标准偏差	0.70153	
		最小值	1.50	
		最大值	4.00	
		偏度	0.280	0.289
		峰度	-0.730	0.570
	辅导员/实验岗	平均值	2.8920	0.11416
		方差	0.521	
		标准偏差	0.72203	
		最小值	1.38	
		最大值	4.00	
		偏度	-0.021	0.374
		峰度	-0.823	0.733
	专业技术人员	平均值	2.6055	0.03722
		方差	0.467	
		标准偏差	0.68326	
		最小值	1.00	
		最大值	4.00	
		偏度	-0.042	0.133
		峰度	0.027	0.265

5. 人才培养工作岗位独立样本检验

运用 SPSS26.0 对人才培养绩效评价重要性分布在工作岗位的类别中进行独立样本检验，以检验人才培养在不同工作岗位段绩效评价差异的显著性，其结果如表 3 - 109 至表 3 - 111 所示。

表 3 - 109 假设检验摘要

原假设	检验	显著性	决策
在工作岗位的类别中，人才培养的分布相同	独立样本克鲁斯卡尔 - 沃利斯检验	0.000	拒绝原假设

注：显示了渐进显著性。显著性水平为 0.05。

表 3 - 110 独立样本克鲁斯卡尔 - 沃利斯检验摘要

总计 N	543
检验统计	39.573[a]
自由度	3
渐进显著性（双侧检验）	0.000

注：a. 检验统计将针对绑定值进行调整。

表 3 - 111 学历的成对比较

Sample 1 - Sample 2	检验统计	标准误差	标准检验统计	显著性	Adj. 显著性[a]
专业技术人员—中层以上管理人员	82.004	20.556	3.989	0.000	0.000
专业技术人员——般行政岗位	85.503	17.925	4.770	0.000	0.000
专业技术人员—辅导员/实验岗	95.788	26.017	3.682	0.000	0.001
中层以上管理人员——般行政岗位	3.499	24.500	0.143	0.886	1.000

Sample 1 - Sample 2	检验统计	标准误差	标准检验统计	显著性	Adj. 显著性[a]
中层以上管理人员—辅导员/行政岗	- 13.784	30.916	- 0.446	0.656	1.000
一般行政岗位—辅导员/行政岗	- 10.285	29.233	- 0.352	0.725	1.000

注：每行都检验"样本1与样本2的分布相同"这一原假设。

显示了渐进显著性（双侧检验）。显著性水平为0.05。

a. 已针对多项检验通过 Bonferroni 校正法调整显著性值。

通过上述独立样本克鲁斯卡尔 - 沃利斯检验可知，人才培养绩效评价在不同的工作岗位中分布相同的假设方差相等的显著性为0.000，小于0.05，则能够拒绝原假设，即在工作岗位的区分下，对人才培养的评价有较大差异。具体来说，在工作岗位的成对比较中显示，由假设专业技术人员——一般行政岗岗位、专业技术人员—中层以上管理人员、专业技术人员—辅导员/实验岗、一般行政岗位—中层以上管理人员、一般行政岗位—辅导员/实验岗和中层以上管理人员—辅导员/实验岗之间假设相等时的独立样本显著性分别为 0.000、0.000、0.000、0.886、0.656 和 0.725，其中只有0.886、0.656、0.725大于0.05，保留原假设，其余三组拒绝原假设。表明一般行政岗位—中层以上管理人员相比较，二者群体对应的行政满意度绩效评价分布相差不大；一般行政岗位—辅导员/实验岗相比较，二者群体对应的行政满意度绩效评价分布相差不大；中层以上管理人员—辅导员/实验岗相比较，二者群体对应的行政满意度绩效评价分布相差不大；专业技术人员——般行政岗岗位相比较，二者群体对应的行政满意度绩效评价分布有较大的差异；专业技术人员—中层以上管理人员相比较，二者群体对应的行政满意度绩效评价分布有较大差异；专业技术人员—辅导员/实验岗相比较，二者群体对应的行政满意度绩效评价分布有较大差异。

通过上述分析，从图3-114可知，在工作岗位为一般行政岗位当中，在将人才培养作为绩效评价的重要性程度中，主要都集中在2.50~4.00

之间，总体上呈现出近似左偏正态分布的趋势，平均值为 3.02，大于 2.50。表明在工作岗位为一般行政岗位中较多教职工认为人才培养在绩效评价中重要性较高。从图 3-115 可知，在工作岗位为中层及以上管理人员当中，在将人才培养作为绩效评价的重要性程度中，主要都集中在 2.00~4.00 之间，总体上呈现出近似左偏正态分布的趋势，平均值为 3.01，大于 2.50。表明在工作岗位为中层及以上管理人员中较多教职工认为人才培养在绩效评价中重要性较高。从图 3-116 可知，在工作岗位为辅导员/实验岗当中，在将人才培养作为绩效评价的重要性程度中，主要都集中在 2.50~3.50 之间，其中 4.00 都相对占比较大，总体上呈现出近似左偏正态分布的趋势，平均值为 3.08，大于 2.50。表明在工作岗位为辅导员/实验岗中较多教职工认为人才培养在绩效评价中重要性较高。从图 3-117 可知，在工作岗位为专业技术人员当中，在将人才培养作为绩效评价的重要性程度中，主要都集中在 2.00~3.00 之间，其中 4.00 都相对占比较大，总体上呈现出近似左偏正态分布的趋势，平均值为 2.64，大于 2.50。表明在工作岗位为专业技术人员中较多教职工认为人才培养在绩效评价中重要性较高。从表 3-112 可知，专业技术人员的峰度和偏度绝对值小于 1，在四者中最近似符合正态分布。

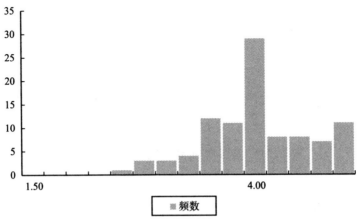

图 3-114 一般行政岗位人才培养维度直方图

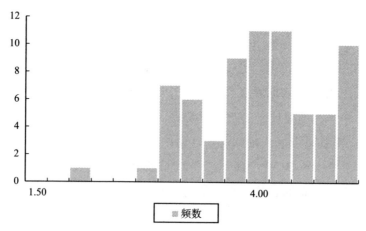

图 3 – 115   中层及以上管理人员人才培养维度直方图

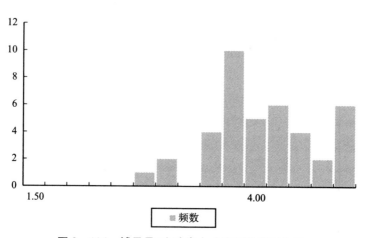

图 3 – 116   辅导员/实验岗人才培养维度直方图

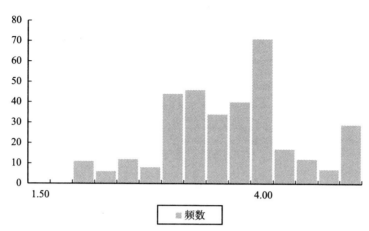

图 3 - 117 专业技术人员人才培养维度直方图

表 3 - 112 人才培养评分的工作岗位分类描述性统计

工作岗位		描述信息	统计	标准误差
人才培养	一般行政岗位	平均值	3.0232	0.05976
		方差	0.346	
		标准偏差	0.58861	
		最小值	1.50	
		最大值	4.00	
		偏度	- 0.148	0.245
		峰度	- 0.200	0.485
	中层以上管理人员	平均值	3.0072	0.08258
		方差	0.471	
		标准偏差	0.68596	
		最小值	1.00	
		最大值	4.00	
		偏度	- 0.365	0.289
		峰度	- 0.256	0.570

续表

工作岗位		描述信息	统计	标准误差
人才培养	辅导员/实验岗	平均值	3.0813	0.09276
		方差	0.344	
		标准偏差	0.58668	
		最小值	1.75	
		最大值	4.00	
		偏度	−0.062	0.374
		峰度	−0.404	0.733
	专业技术人员	平均值	2.6395	0.03942
		方差	0.524	
		标准偏差	0.72363	
		最小值	1.00	
		最大值	4.00	
		偏度	−0.038	0.133
		峰度	−0.202	0.265

（七）职称

1. 科研成果职称独立样本检验

运用 SPSS26.0 对科研成果绩效评价重要性分布在职称的类别中进行独立样本检验，以检验科研成果在不同职称段绩效评价差异的显著性，其结果如表 3 - 113 至表 3 - 115 所示。

表 3 - 113   假设检验摘要

原假设	检验	显著性	决策
在职称的类别中，科研成果的分布相同	独立样本克鲁斯卡尔 - 沃利斯检验	0.002	拒绝原假设

注：显示了渐进显著性。显著性水平为 0.05。

表3－114　　　　　　　　　**独立样本克鲁斯卡尔－沃利斯检验摘要**

总计 N	543
检验统计	14.584[a]
自由度	3
渐进显著性（双侧检验）	0.002

注：a. 检验统计将针对绑定值进行调整。

表3－115　　　　　　　　　　　**职称的成对比较**

Sample 1 – Sample 2	检验统计	标准误差	标准检验统计	显著性	Adj. 显著性[a]
副高级职称—高级职称	－ 25.983	27.855	－ 0.933	0.351	1.000
副高级职称—中级职称	57.681	16.690	3.456	0.001	0.003
副高级职称—初级职称	57.688	18.411	3.133	0.002	0.010
高级职称—中级职称	31.699	26.945	1.176	0.239	1.000
高级职称—初级职称	31.705	28.044	1.131	0.258	1.000
中级职称—初级职称	0.007	17.003	0.000	1.000	1.000

注：每行都检验"样本1与样本2的分布相同"这一原假设。
显示了渐进显著性（双侧检验）。显著性水平为 0.05。
a. 已针对多项检验通过 Bonferroni 校正法调整显著性值。

通过上述独立样本克鲁斯卡尔－沃利斯检验可知，科研成果绩效评价在不同的职称中分布相同的假设方差相等的显著性为 0.002，小于 0.05，则能够拒绝原假设，即在职称的区分下，对科研成果的评价有较大差异。具体来说，在职称的成对比较中显示，由假设副高级职称—高级职称、副高级职称—中级职称、副高级职称—初级职称、高级职称—中级职称、高级职称—初级职称和中级职称—初级职称之间假设相等时的独立样本显著性分别为 0.351、0.001、0.002、0.239、0.258 和 1.000，其中只有 0.351、0.239、0.258、1.000 大于 0.05，保留原假设，其余两组拒绝原假设。表明副高级职称—高级职称相比较，二者群体对应的科研成果绩效评价分布相差不大；高级职称—中级职称相比较，二者群体对应的科研成果绩效评价分布相差不大；高级职称—初级职称相比较，二者群体对应的科研成果绩效评价分布相差不大；中级职称—初级职称相比较，二者群体对应的科研成果绩效评价分布相差不大；副高级职称—中级职称相比较，二者群体对应的科研成果绩效评价分布有较大差异；副高级职称—初级职称相比较，二者群体对应的科研成果绩效评价分布有较大差异。

通过上述分析，从图 3 – 118 可知，在职称为初级职称当中，在将科研成果作为绩效评价的重要性程度中，主要都集中在 2.00 ~ 4.00 之间，总体上呈现出近似左偏正态分布的趋势，平均值为 3.02，大于 2.50。表明在职称为初级职称中较多教职工认为科研成果在绩效评价中重要性较高。从图 3 – 119 可知，在职称为中级职称当中，在将科研成果作为绩效评价的重要性程度中，主要都集中在 2.50 ~ 3.50 之间，其中 4.00 也相对占比较大，总体上呈现出近似左偏正态分布的趋势，平均值为 3.01，大于 2.50。表明在职称为中级职称中较多教职工认为科研成果在绩效评价中重要性较高。从图 3 – 120 可知，在职称为副高级职称当中，在将科研成果作为绩效评价的重要性程度中，主要都集中在 2.00 ~ 4.00 之间，总体上呈现出近似左偏正态分布的趋势，平均值为 2.77，大于 2.50。表明

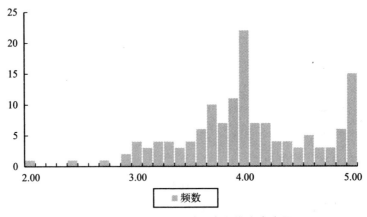

图 3 – 118　初级职称科研成果维度直方图

在职称为副高级职称中较多教职工认为科研成果在绩效评价中重要性较高。从图 3 - 121 可知，在职称为高级职称当中，在将科研成果作为绩效评价的重要性程度中，主要都集中在 2.00 ~ 4.00 之间，其中 1.00 也相对占比较大，平均值为 2.82，大于 2.50。表明在职称为高级职称中较多教职工认为科研成果在绩效评价中重要性较高。从表 3 - 116 可知，中级职称的峰度和偏度绝对值小于 1，在四者中最近似符合正态分布。

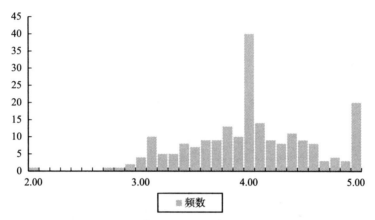

图 3 - 119 中级职称科研成果维度直方图

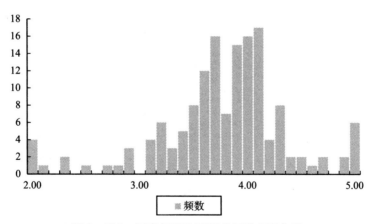

图 3 - 120 副高级职称科研成果维度直方图

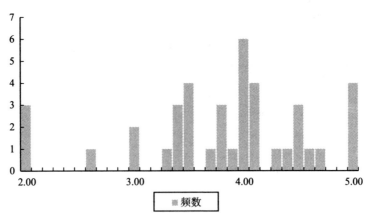

图 3-121　高级职称科研成果维度直方图

表 3-116　　　　　　科研成果评分的职称分类描述性统计

职称		描述信息	统计	标准误差
科研成果	初级职称	平均值	3.0200	0.05221
		方差	0.382	
		标准偏差	0.61775	
		最小值	1.00	
		最大值	4.00	
		偏度	-0.241	0.205
		峰度	0.037	0.407
	中级职称	平均值	3.0089	0.03901
		方差	0.326	
		标准偏差	0.57062	
		最小值	1.00	
		最大值	4.00	
		偏度	-0.164	0.166
		峰度	-0.039	0.331

职称		描述信息	统计	标准误差
科研成果	副高级职称	平均值	2.7711	0.04929
		方差	0.362	
		标准偏差	0.60161	
		最小值	1.00	
		最大值	4.00	
		偏度	−0.717	0.199
		峰度	1.536	0.395
	高级职称	平均值	2.8250	0.12251
		方差	0.600	
		标准偏差	0.77484	
		最小值	1.00	
		最大值	4.00	
		偏度	−0.740	0.374
		峰度	0.576	0.733

2. 教学质量职称独立样本检验

运用 SPSS26.0 对教学质量绩效评价重要性分布在职称的类别中进行独立样本检验，以检验教学质量在不同职称段绩效评价差异的显著性，其结果如表 3–117 和表 3–118 所示。

表 3–117　　　　　　　　　假设检验摘要

原假设	检验	显著性	决策
在职称的类别中，教学质量的分布相同	独立样本克鲁斯卡尔－沃利斯检验	0.055	保留原假设

注：显示了渐进显著性。显著性水平为 0.05。

表 3 – 118   独立样本克鲁斯卡尔 – 沃利斯检验摘要

总计 N	543
检验统计	7.587[a,b]
自由度	3
渐进显著性（双侧检验）	0.055

注：a. 检验统计将针对绑定值进行调整。

b. 由于总体检验未检测出样本间存在显著差异，因此未执行多重比较。

通过上述独立样本克鲁斯卡尔 – 沃利斯检验可知，教学质量绩效评价在不同的职称中分布相同的假设方差相等的显著性为 0.055，大于 0.05，则能够接受原假设，即在职称的区分下，对教学质量的评价相差不大。

通过上述分析，从图 3 – 122 可知，在职称为初级职称当中，在将教学质量作为绩效评价的重要性程度中，主要都集中在 2.50 ~ 3.50 之间，其中 4.00 也相对占比较大，总体上呈现出近似左偏正态分布的趋势，平均值为 3.14，大于 2.50。表明在职称为初级职称中较多教职工认为教学质量在绩效评价中重要性较高。从图 3 – 123 可知，在职称为中级职称当中，在将教学质量作为绩效评价的重要性程度中，主要都集中在 3.00 ~ 4.00 之间，总体上呈现出近似左偏正态分布的趋势，平均值为 3.21，大于 2.50。表明在职称为中级职称中较多教职工认为教学质量在绩效评价中重要性较高。从图 3 – 124 可知，在职称为副高级职称当中，在将教学质量作为绩效评价的重要性程度中，主要都集中在 2.50 ~ 4.00 之间，总体上呈现出近似左偏正态分布的趋势，平均值为 3.02，大于 2.50。表明在职称为副高级中较多教职工认为教学质量在绩效评价中重要性较高。从图 3 – 125 可知，在职称为高级职称当中，在将教学质量作为绩效评价的重要性程度中，主要都集中在 2.50 ~ 3.50 之间，其中 3.50 ~ 4.00 都相对占比较大，平均值为 3.01，大于 2.50。表明在职称为高级职称中较多教职工认为教学质量在绩效评价中重要性较高。从表3－119可知，中级职称的峰度和偏度绝对值小于1，在四者中最近似符合正态分布。

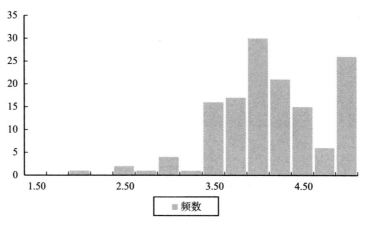

图3－122　初级职称教学质量维度直方图

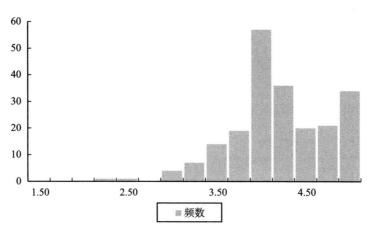

图3－123　中级职称教学质量维度直方图

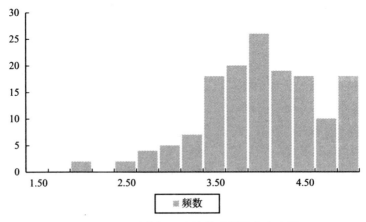

图 3 - 124　副高级职称教学质量维度直方图

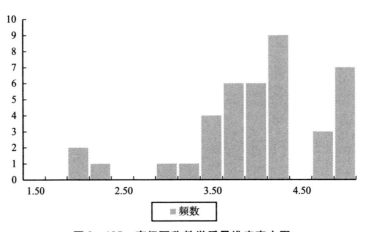

图 3 - 125　高级职称教学质量维度直方图

表 3 – 119 教学质量评分的职称分类描述性统计

职称		描述信息	统计	标准误差
教学质量	初级职称	平均值	3.1429	0.05133
		方差	0.369	
		标准偏差	0.60732	
		最小值	1.00	
		最大值	4.00	
		偏度	– 0.490	0.205
		峰度	0.530	0.407
	中级职称	平均值	3.2079	0.03681
		方差	0.290	
		标准偏差	0.53841	
		最小值	1.25	
		最大值	4.00	
		偏度	– 0.372	0.166
		峰度	0.257	0.331
	副高级职称	平均值	3.0201	0.05332
		方差	0.424	
		标准偏差	0.65083	
		最小值	1.00	
		最大值	4.00	
		偏度	– 0.499	0.199
		峰度	0.238	0.395
	高级职称	平均值	3.0125	0.12206
		方差	0.596	
		标准偏差	0.77201	
		最小值	1.00	
		最大值	4.00	
		偏度	– 0.929	0.374
		峰度	1.110	0.733

3. 行政满意度职称

运用 SPSS26.0 对行政满意度绩效评价重要性分布在职称的类别中进行独立样本检验，以检验行政满意度在不同职称段绩效评价差异的显著性，其结果如表 3 – 120 和表 3 – 121 所示。

表 3 – 120　　　　　　　　　　假设检验摘要

原假设	检验	显著性	决策
在职称的类别中，行政满意度的分布相同	独立样本克鲁斯卡尔 – 沃利斯检验	0.540	保留原假设

注：显示了渐进显著性。显著性水平为 0.05。

表 3 – 121　　　　　独立样本克鲁斯卡尔 – 沃利斯检验摘要

总计 N	543
检验统计	$2.157^{a,b}$
自由度	3
渐进显著性（双侧检验）	0.540

注：a. 检验统计将针对绑定值进行调整。
b. 由于总体检验未检测出样本间存在显著差异，因此未执行多重比较。

通过上述独立样本克鲁斯卡尔 – 沃利斯检验可知，行政满意度绩效评价在不同的职称中分布相同的假设方差相等的显著性为 0.540，大于 0.05，则能够接受原假设，即在职称的区分下，对行政满意度的评价相差不大。

通过上述分析，从图 3 – 126 可知，在职称为初级职称当中，在将行政满意度作为绩效评价的重要性程度中，主要都集中在 3.00 ~ 4.00 之间，总体上呈现出近似左偏正态分布的趋势，平均值为 3.18，大于 2.50。表明在职称为初级职称中较多教职工认为行政满意度在绩效评价中重要性较高。从图 3 – 127 可知，在职称为中级职称当中，在将行政满意度作为绩效评价的重要性程度中，主要都集中在 3.00 ~ 4.00 之间，总体上呈现出近似左偏正态分布的趋势，平均值为 3.11，大于 2.50。表明在职称为中级职称中较多教职工认为行政满意度在绩效评价中重要性较高。从图 3 - 128 可知，在职称为副高级职称当中，在将行政满意度作为绩效评价的重要性程度中，主要都集中在 3.00 ~ 4.00 之间，总体上呈现出近似左

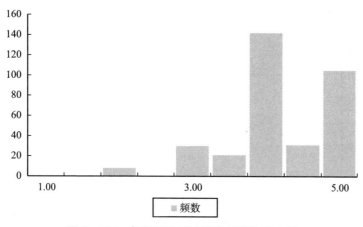

图 3 - 126 初级职称行政满意度维度直方图

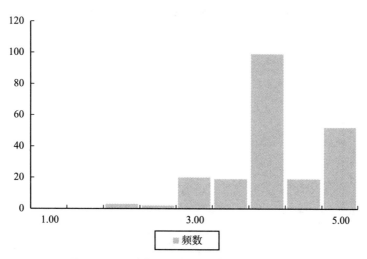

图 3 - 127 中级职称行政满意度维度直方图

偏正态分布的趋势，平均值为3.17，大于2.50。表明在职称为副高级职称中较多教职工认为行政满意度在绩效评价中重要性较高。从图3-129可知，在职称为高级职称当中，在将行政满意度作为绩效评价的重要性程度中，主要都集中3.00与4.00，平均值为3.26，大于2.50。表明在职称为高级职称中较多教职工认为行政满意度在绩效评价中重要性较高。从表3-122可知，高级职称的峰度和偏度绝对值小于1，在四者中最近似符合正态分布。

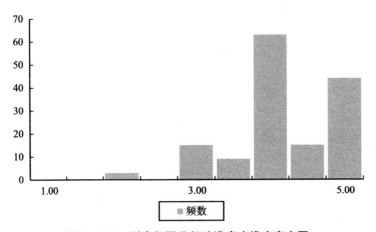

图3-128 副高级职称行政满意度维度直方图

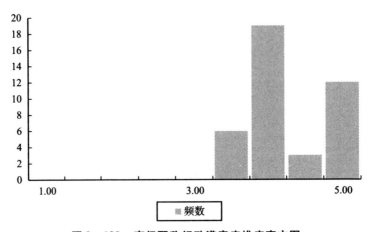

图3-129 高级职称行政满意度维度直方图

表 3 – 122　　　　　　　　**行政满意度评分的职称分类描述性统计**

职称		描述信息	统计	标准误差
行政满意度	初级职称	平均值	3.1750	0.05844
		方差	0.478	
		标准偏差	0.69148	
		最小值	1.00	
		最大值	4.00	
		偏度	− 0.668	0.205
		峰度	0.590	0.407
	中级职称	平均值	3.1075	0.04578
		方差	0.448	
		标准偏差	0.66969	
		最小值	1.00	
		最大值	4.00	
		偏度	− 0.470	0.166
		峰度	0.286	0.331
	副高级职称	平均值	3.1745	0.05732
		方差	0.490	
		标准偏差	0.69973	
		最小值	1.00	
		最大值	4.00	
		偏度	− 0.659	0.199
		峰度	0.406	0.395
	高级职称	平均值	3.2625	0.08584
		方差	0.295	
		标准偏差	0.54287	
		最小值	2.50	
		最大值	4.00	
		偏度	0.312	0.374
		峰度	− 1.290	0.733

4. 社会交流职称独立样本检验

运用 SPSS26.0 对社会交流绩效评价重要性分布在职称的类别中进行独立样本检验，以检验社会交流在不同职称段绩效评价差异的显著性，其结果如表 3 – 123 和表 3 – 124 所示。

表 3 – 123　　　　　　　　　假设检验摘要

原假设	检验	显著性	决策
在职称的类别中，社会交流的分布相同	独立样本克鲁斯卡尔 – 沃利斯检验	0.136	保留原假设

注：显示了渐进显著性。显著性水平为 0.05。

表 3 – 124　　　　　　独立样本克鲁斯卡尔 – 沃利斯检验摘要

总计 N	543
检验统计	5.545[a,b]
自由度	3
渐进显著性（双侧检验）	0.136

注：a. 检验统计将针对绑定值进行调整。
b. 由于总体检验未检测出样本间存在显著差异，因此未执行多重比较。

通过上述独立样本克鲁斯卡尔 – 沃利斯检验可知，社会交流绩效评价在不同的职称中分布相同的假设方差相等的显著性为 0.135，大于 0.05，则能够接受原假设，即在职称的区分下，对社会交流的评价相差不大。

通过上述分析，从图 3 – 130 可知，在职称为初级职称当中，在将社会交流作为绩效评价的重要性程度中，主要都集中在 2.00 ~ 3.00 之间，其中 4.00 也相对占比较大，总体上呈现出近似左偏正态分布的趋势，平均值为 2.71，大于 2.50。表明在职称为初级职称中较多教职工认为社会交流在绩效评价中重要性较高。从图 3 – 131 可知，在职称为中级职称当中，在将社会交流作为绩效评价的重要性程度中，主要都集中在 2.00 ~

3.00 之间，其中 4.00 也相对占比较大，总体上呈现出近似左偏正态分布的趋势，平均值为 2.71，大于 2.50。表明在职称为中级职称中较多教职工认为社会交流在绩效评价中重要性较高。从图 3 - 132 可知，在职称为副高级职称当中，在将社会交流作为绩效评价的重要性程度中，主要都集中在 2.00 ~ 3.50 之间，其中 4.00 也相对占比较大，平均值为 2.54，大于 2.50。表明在职称为副高级职称中较多教职工认为社会交流在绩效评

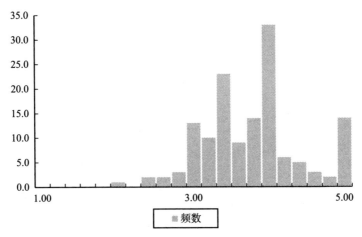

图 3 - 130　初级职称社会交流维度直方图

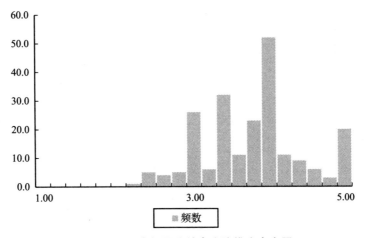

图 3 - 131　中级职称社会交流维度直方图

价中重要性较高。从图 3 - 133 可知，在职称为高级职称当中，在将社会交流作为绩效评价的重要性程度中，主要都集中在 2.00 ~ 3.00 之间，其中 1.00 与 4.00 都相对占比较大，平均值为 1.63，大于 2.50。表明在职称为高级职称中较多教职工认为社会交流在绩效评价中重要性较高。从表 3 - 125 可知，副高级职称的峰度和偏度绝对值小于 1，在四者中最近似符合正态分布。

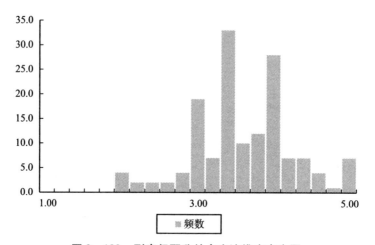

图 3 - 132 副高级职称社会交流维度直方图

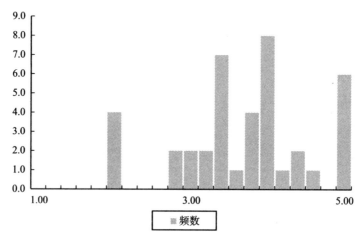

图 3 - 133 高级职称社会交流维度直方图

表 3 - 125　　　　　社会交流评分的职称分类描述性统计

工作年限		描述信息		统计	标准误差
社会交流	初级职称	平均值		2.7081	0.05564
		平均值的95%置信区间	下限	3.5981	
			上限	3.8181	
		5%剪除后平均值		3.7083	
		中位数		3.7500	
		方差		0.433	
		标准偏差		0.65838	
		最小值		1.00	
		最大值		4.00	
		范围		3.00	
		四分位距		0.75	
		偏度		0.231	0.205
		峰度		-0.147	0.407
	中级职称	平均值		2.7098	0.04497
		方差		0.433	
		标准偏差		0.65789	
		最小值		1.13	
		最大值		4.00	
		偏度		0.096	0.166
		峰度		-0.283	0.331
	副高级职称	平均值		2.5399	0.05325
		方差		0.423	
		标准偏差		0.65005	
		最小值		1.00	
		最大值		4.00	
		偏度		0.005	0.199
		峰度		0.180	0.395

工作年限		描述信息	统计	标准误差
社会交流	高级职称	平均值	2.6300	0.13658
		方差	0.746	
		标准偏差	0.86380	
		最小值	1.00	
		最大值	4.00	
		偏度	−0.155	0.374
		峰度	−0.382	0.733

5. 人才培养职称独立样本检验

运用 SPSS26.0 对人才培养绩效评价重要性分布在职称的类别中进行独立样本检验，以检验人才培养在不同职称段绩效评价差异的显著性，其结果如表 3 – 126 至表 3 – 128 所示。

表 3 – 126　　　　　　　　　假设检验摘要

原假设	检验	显著性	决策
在职称的类别中，人才培养的分布相同	独立样本克鲁斯卡尔 – 沃利斯检验	0.006	拒绝原假设

注：显示了渐进显著性。显著性水平为 0.05。

表 3 – 127　　　　　独立样本克鲁斯卡尔 – 沃利斯检验摘要

总计 N	543
检验统计	12.567[a]
自由度	3
渐进显著性（双侧检验）	0.006

注：a. 检验统计将针对绑定值进行调整。

表 3 - 128　　　　　　　　　　　　**职称的成对比较**

Sample 1 - Sample 2	检验统计	标准误差	标准检验统计	显著性	Adj. 显著性[a]
副高级职称—高级职称	- 27. 518	27. 703	- 0. 993	0. 321	1. 000
副高级职称—中级职称	52. 598	16. 599	3. 169	0. 002	0. 009
副高级职称—初级职称	54. 828	18. 311	2. 994	0. 003	0. 017
高级职称—中级职称	25. 081	26. 798	0. 936	0. 349	1. 000
高级职称—初级职称	27. 311	27. 891	0. 979	0. 327	1. 000
中级职称—初级职称	2. 230	16. 910	0. 132	0. 895	1. 000

注：每行都检验"样本1与样本2的分布相同"这一原假设。
显示了渐进显著性（双侧检验）。显著性水平为 0. 05。
a. 已针对多项检验通过 Bonferroni 校正法调整显著性值。

　　通过上述独立样本克鲁斯卡尔－沃利斯检验可知，人才培养绩效评价在不同的职称中分布相同的假设方差相等的显著性为 0. 006，小于 0. 05，则能够拒绝原假设，即在职称的区分下，对人才培养的评价有较大差异。具体来说，在职称的成对比较中显示，由假设副高级职称—高级职称、副高级职称—中级职称、副高级职称—初级职称、高级职称—中级职称、高级职称—初级职称和中级职称—初级职称之间假设相等时的独立样本显著性分别为 0. 321、0. 002、0. 003、0. 347、0. 327 和 0. 895，其中只有 0. 321、0. 347、0. 327、0. 895 大于 0. 05，保留原假设，其余两组拒绝原假设。表明副高级职称—高级职称相比较，二者群体对应的人才培养绩效评价分布相差不大；高级职称—中级职称相比较，二者群体对应的人才培养绩效评价分布相差不大；高级职称—初级职称相比较，二者群体对应的人才培养绩效评价分布相差不大；中级职称—初级职称相比较，二者群体对应的人才培养绩效评价分布相差不大；副高级职称—中级职称相比较，二者群体对应的人才培养绩效评价分布有较大差异；副高级职称—初级职称相比较，二者群体对应的人才培养绩效评价分布有较大差异。

　　通过上述分析，从图 3 - 134 可知，在职称为初级职称当中，在将人才培养作为绩效评价的重要性程度中，主要都集中在 2. 00～3. 50 之间，其中4.00也相对占比较大，总体上呈现出近似左偏正态分布的趋势，平均值为2.87，大于2.50。表明在职称为初级职称中较多教职工认为人才培养在绩效评价中重要性较高。从图3-135可知，在职称为中级职称当中，在将人才培养作为绩效评价的重要性程度中，主要都集中在2.00～3.50之间，其中4.00也相对占比较大，总体上呈现出近似左偏正态分布的趋势，平均值为2.85，大于2.50。表明在职称为中级职称中较多教职工认为人才培养在绩效评价中重要性较高。从图3-136可知，在职称为副高级职称当中，在将人才培养作为绩效评价的重要性程度中，主要都集中在2.00～3.00之间，其中4.00也相对占比较大，总体上呈现出近似左偏正态分布的趋势，平均值为2.63，大于2.50。表明在职称为副高级职称中较多教职工认为人才培养在绩效评价中重要性较高。从图3-137可知，在职称为高级职称当中，在将人才培养作为绩效评价的重要性程度中，主要都集中在2.00～3.50之间，其中4.00也相对占比较大，平均值为2.72，大于2.50。表明在职称为高级职称中较多教职工认为人才培养在绩效评价中重要性较高。从表3-129可知，副高级职称的峰度和偏度绝对值小于1，在四者中最近似符合正态分布。

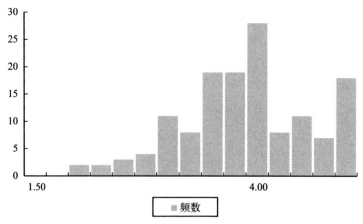

图3-134 初级职称人才培养维度直方图

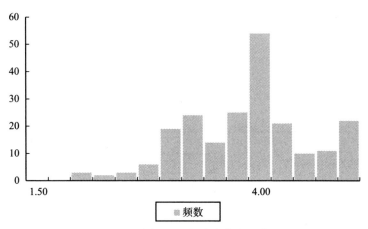

图 3 – 135　中级职称人才培养维度直方图

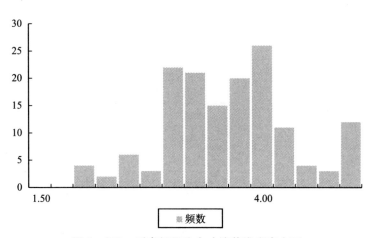

图 3 – 136　副高级职称人才培养维度直方图

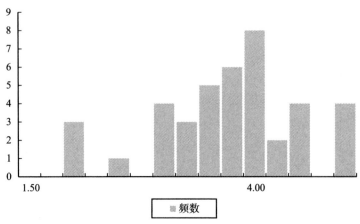

图 3 - 137　高级职称人才培养维度直方图

表 3 - 129　　　　　　人才培养评分的职称分类描述性统计

职称		描述信息	统计	标准误差
人才培养	初级职称	平均值	3.8750	0.06064
		方差	0.515	
		标准偏差	0.71752	
		最小值	1.00	
		最大值	4.00	
		偏度	- 0.240	0.205
		峰度	- 0.271	0.407
	中级职称	平均值	2.8540	0.04666
		方差	0.466	
		标准偏差	0.68261	
		最小值	1.00	
		最大值	4.00	
		偏度	- 0.230	0.166
		峰度	- 0.184	0.331

职称		描述信息	统计	标准误差
人才培养	副高级职称	平均值	2.6275	0.05786
		方差	0.499	
		标准偏差	0.70628	
		最小值	1.00	
		最大值	4.00	
		偏度	0.044	0.199
		峰度	-0.166	0.395
	高级职称	平均值	2.7188	0.12280
		方差	0.603	
		标准偏差	0.77664	
		最小值	1.00	
		最大值	4.00	
		偏度	-0.466	0.374
		峰度	0.215	0.733

第四章
实证分析

本章的问卷选项赋值采用不同于上一章的标准，在本章中数据分析采用1，2，3，4的赋值标准，1是"非常不重要"，2是"比较不重要"，3是"比较重要"，4是"非常重要"。

第一节　信度与效度检验

信度（Reliability）和效度（Validity）分析是问卷分析的第一步，也是检验问卷是否合格的标准之一，问卷数据的信度与效度对数据处理、分析与模型验证具有非常重要的意义，问卷数据的信度、效度对数据分析和模型检验的可靠性产生直接影响，其中信度是指测验结果的一致性、稳定性及可靠性，一般多以内部一致性来加以表示该测验信度的高低，信度系数越高即表示该测验的结果越一致、稳定与可靠。效度是指所测量到的结果反映所想要考察内容的程度，测量结果与要考察的内容越吻合，则效度越高；反之，则效度越低。为了保障本书后续研究的可靠性，以下将对本书问卷数据的各变量进行信、效度检验。

本书采用 Alpha 信度系数法（Cronbach's α）、组合信度、KMO 检验和 Bartlett 球形检验法对问卷进行信效度分析，具体计算方法如下。

Alpha 信度系数法：α 系数评价的是量表中各题得分之间的一致性，

属于内在一致性系数，其公式如下。

$$\alpha = \frac{k}{k-1} \times 1 - \frac{\sum \sigma_i^2}{\sigma^2}$$

其中：k 是表示问卷中的题目总数；σ_i^2 为第 i 题的调查结果方差；σ^2 为全部调查结果的方差。

从公式中可以看出，α 系数评价的是量表中各题得分之间的一致性，属于内在一致性系数。总量表的 α 信度系数最好在 0.8 以上，0.7 ~ 0.8 之间可以接受；分量表的信度系数最好在 0.7 以上，0.6 ~ 0.7 之间还可以接受。Cronbach's α 系数如果在 0.6 以下就要考虑抛弃某些选项。

KMO 检验：此检验根据变量间简单相关系数和偏相关系数的关系来检验变量数据。当所有变量的简单相关系数平方和远远大于偏相关系数平方和时，变量间的相关性越强。设变量的简单相关系数平方和为 P，偏自相关系数评分和为 R，则 KMO 检验统计量的计算公式为：

$$M = \frac{P}{P+R}$$

KMO 值越接近于 1，意味着变量间的相关性越强，原有变量越适合作因子分析；KMO 值越接近于 0，意味着变量间的相关性越弱，原有变量越不适合作因子分析。通常情况下，认为 KMO 值大于 0.5 时即通过 KMO 检验，适合作因子分析。

Bartlett 球形检验法：此检验法以原有变量的相关系数矩阵为出发点，其原假设是相关系数矩阵为单位矩阵，Bartlett 球形检验的统计量 Φ 是根据相关系数矩阵 O 的行列式得到，统计量计算公式为：

$$\Phi = det(O) = |O|$$

根据自由度和统计量观测值查询卡方分布表，可近似得到相应的相伴概率值。根据相伴概率 P 与显著性水平 α 之间的关系来判定变量之间是否存在相关关系。Bartlett 球形检验统计值的显著性概率 P 值 < 0.05 时，问卷才有结构效度，才能进行因子分析。

组合信度：此检验法是通过因子载荷量计算的表示内部一致性信度质

量的指标值，其中 λ 表示因子载荷量，θ 表示测量误差，组合信度的数据公式为：

$$CR = \frac{(\sum \lambda)^2}{[(\sum \lambda)^2 + \sum \theta]}$$

题项之间相关性越强，潜在变量对它们的解释能力也越强，因子载荷值加和的平方就越大，内部一致性就越好。

本研究运用 SPSS22.0 进行各潜在变量的 Cronbach's α 测算，如表 4 – 1 所示。

表 4 – 1   各潜变量 Cronbach's α

分类	Cronbach's α	Mean	SD
科研成果	0.930	2.933	0.016
教学质量	0.784	3.125	0.064
行政满意度	0.830	3.155	0.030
社会交流	0.929	2.655	0.029
人才培养	0.872	2.787	0.004

由以上分析可以看出，除了教学质量的 Cronbach's α 值小于 0.8 之外，其余各潜在变量的 Cronbach's α 值，均大于 0.8，且均值都在 2.6 ~ 3.2 之间，由此可以看出各潜在变量内容一致性较好。并且各个潜在变量的方差都较小，表明构成各个潜变量的观察变量之间的差异较小。

一、科研成果信度分析和效度分析

运用 SPSS26.0 对科研成果维度进行 KMO 和 Bartlett 球体检验，验证科研成果维度是否适用探索性因子分析，如表 4 – 2 所示。

表 4-2 **KMO 和巴特利特检验**

KMO 取样适切性量数		0.939
巴特利特球形度检验	近似卡方	3571.769
	df（自由度）	45
	P-value	0.000

由检验结果可知，科研成果的 KMO 值为 0.939，大于 0.7，说明科研成果各维度之间具有较好的相关性，且巴特利特球形检验通过，适合做探索性因子分析。

通过运用 Amos26.0 对基本素质模型进行分析之后，可以得出基本素质各维度的验证性因子分析结果，如表 4-3 所示。

表 4-3 **科研成果维度维度验证性因子分析结果**

路径			Estimate	S. E.	C. R.	P
SP2	<---	科研成果维度	1.314	0.086	15.371	***
SP3	<---	科研成果维度	1.163	0.083	14.057	***
SP4	<---	科研成果维度	1.161	0.084	13.852	***
SP5	<---	科研成果维度	1.242	0.090	13.754	***
SP6	<---	科研成果维度	1.362	0.088	15.406	***
SP7	<---	科研成果维度	1.487	0.092	16.098	***
SP8	<---	科研成果维度	1.456	0.090	16.185	***
SP9	<---	科研成果维度	1.402	0.093	15.027	***
SP10	<---	科研成果维度	1.153	0.079	14.663	***
SP1	<---	科研成果维度	1.000			

注：*** 为 P < 0.001，** 为 P < 0.01，* P < 0.05。

通过对科研成果模型进行验证性因子分析，可以看出各变量的因素负荷量均大于 0.5，通过验证性因子分析结果，对科研成果维度的组合信度和平均变异抽取值进行分析，得知科研成果各维度组合信度均大于 0.6，说明该模型具有较高的组合信度、内容效度。

科研成果模型维度拟合指标如表4-4至表4-6所示。

表4-4 　　　　　　　　　　　　　　RMR 指标与 GFI 指标

Model	RMR	GFI	AGFI	PGFI
Default model	0.028	0.886	0.821	0.564
Saturated model	0.000	1.000		
Independence model	0.323	0.251	0.084	0.205

表4-5 　　　　　　　　　　　　　　基准线比较指标参数

Model	NFI Delta1	RFI rho1	IFI Delta2	TLI rho2	CFI
Default model	0.918	0.895	0.927	0.906	0.927
Saturated model	1.000		1.000		1.000
Independence model	0.000	0.000	0.000	0.000	0.000

表4-6 　　　　　　　　　　　　　　RMSEA 指标

Model	RMSEA	LO90	HI90	PCLOSE
Default model	0.117	0.105	0.130	0.000
Independence model	0.382	0.371	0.392	0.000

表4-4至表4-6分别显示了科研成果维度模型构建的结对适配度指标 RMR、GFI、AGFI、PGFI 与 RMSEA，以及增值适配度指标 NFI、RFI、IFI、TLI 与 CFI。

RMR（root mean square residual）为残差均方平方根，当 RMR 值越小时，表示收集的数据与构建的模型越适配，一般情况下，RMR 值小于 0.05 时代表设置模型是可接受的适配模型。表4-4显示 RMR 值为 0.028（＜0.05），说明科研成果模型与数据的适配性较好。

RMSEA（root mean square error of approximation）为渐进残差均方和平方根，是每个自由度的和的平均与期望的和之间的差异值，将自由度考虑到了模型中，通常 RMSEA 值小于 0.1 时，说明模型与数据的适配度较好。表 4-6 显示 RMSEA 为 0.117（>0.1），说明该模型适配欠佳，还有改进余地。

GFI（goodness-of-fit index）为良适性适配指标，当 GFI 值越大，表示理论建构复制矩阵能解释样本数据的观察矩阵的差异量越大，说明 GFI 越大，则模型与数据有较好的适配度，通常当 GFI 大于 0.9 时，说明模型路径与实际数据有良好的适配度，表 4-4 显示 GFI 值为 0.886（<0.9），说明模型契合度欠佳，还需改进。

AGFI（adjust goodness-of-fit index）为调整后的良适性适配指标，调整后的 GFI 值将不会受到单位的影响，该指标利用自由度与模型变量个数的比率来修正 GFI 指标，通常当 AGFI 大于 0.9 时，说明模型适配良好。表 4-4 显示 AGFI 为 0.821（<0.9），说明科研成果维度模型适配欠佳。

NFI（normed fit index）为规准适配指标，该指标用来比较构建模型与虚无模型（协方差矩阵）之间的卡方差距，通常当 NFI 值大于 0.9 时，表明模型适配性良好。表 4-5 显示 NFI 值为 0.918（>0.9），说明科研成果维度模型采用极大似然估计法估计的拟合程度较好。

TLI（Tucker-Lewis index）为非规准适配指标，该指标是用来比较两个对立模型间的适配良好程度，是将自由度考虑在内修正 NFI 指标的值，通常当 TLI 值也是大于 0.9 时说明模型适配性良好。表 4-5 显示 TLI 值为 0.906（>0.9），说明科研成果维度模型采用极大似然估计法估计的拟合程度较好。

CFI（comparative fit index）比较拟合指标、RFI（relative fit index）相对适配指标与 IFI（incremental fit index）增值适配指标，这三个指标是一种改良式的 NFI 指标，代表测量从最限制模型到最饱和模型时，非集中参数的改善情况，当它们越接近 1，说明模型契合度越高，其中，当 RFI 值大于或等于 0.95 时，说明模型适配相当完美。表 4-5 显示 CFI、RFI 与

IFI 的值分别为 0.927、0.895、0.927，仅 CFI 与 IFI 指标达到要求，RFI 值小于 0.9，说明科研成果维度模型适配度欠佳，需加以改进。

综上拟合指标显示，本研究根据理论构建的科研成果维度模型需要进一步修正。

二、教学质量效度分析

运用 SPSS26.0 对教学质量维度进行 KMO 和 Bartlett 球体检验，验证教学成果维度是否适用探索性因子分析，如表 4 - 7 所示。

表 4 - 7　　　　　　　　　　KMO 和巴特利特检验

KMO 取样适切性量数		0.770
巴特利特球形度检验	近似卡方	630.424
	df（自由度）	6
	P-value	0.000

由检验结果可知，教学质量的 KMO 值为 0.770，大于 0.7，说明教育质量各维度之间具有较好的相关性，且巴特利特球形检验通过，适合做探索性因子分析。

通过运用 Amos26.0 对教学质量模型进行分析之后，可以得出基本素质各维度的验证性因子分析结果，如表 4 - 8 所示。

表 4 - 8　　　　　　　教学质量维度验证性因子分析结果

			Estimate	S. E.	C. R.	P
TQ4	<---	教学质量维度	1			
TQ3	<---	教学质量维度	0.835	0.065	12.882	***
TQ2	<---	教学质量维度	1.003	0.079	12.647	***
TQ1	<---	教学质量维度	0.939	0.061	15.494	***

注：*** 为 $P < 0.001$，** 为 $P < 0.01$，* $P < 0.05$。

通过对教学质量模型进行验证性因子分析，可以看出各变量的因素负荷量均大于0.5，通过验证性因子分析结果，对基本素质各维度的组合信度和平均变异抽取值进行分析，得知教学质量各维度组合信度均大于0.6，说明该模型具有较高的组合信度、内容效度。

教学质量模型维度拟合指标如表4-9至表4-11所示。

表4-9   RMR 指标与 GFI 指标

Model	RMR	GFI	AGFI	PGFI
Default model	0.017	0.989	0.946	0.198
Saturated model	0	1		
Independence model	0.228	0.581	0.301	0.348

表4-10   基准线比较指标参数

Model	NFI Delta1	RFI rho1	IFI Delta2	TLI rho2	CFI
Default model	0.981	0.944	0.984	0.953	0.984
Saturated model	1		1		1
Independence model	0	0	0	0	0

表4-11   RMSEA 指标

Model	RMSEA	LO90	HI90	PCLOSE
Default model	0.095	0.048	0.151	0.057
Independence model	0.439	0.411	0.468	0

上面三个表中，表4-9中，RMR 小于0.1，GFI、AGFI 大于0.8，说明教学质量模型与数据的适配性较好；表4-10中，NFI、IFI、TLI 和 CFI

的值均大于 0.9，说明模型采用极大似然估计法估计效果较好；表 4 – 11 中，RMSEA 小于 0.1，说明模型与数据的适配度较好。综上所述，本研究根据理论构建的教学质量维度模型具有较好的适配性。

三、行政满意度效度检验

运用 SPSS26.0 对行政满意度维度进行因子分析和双变量相关性分析，验证行政满意度维度是否适用探索性因子分析，如表 4 – 12 所示。

表 4 – 12　　　　　　　　　　　　成分矩阵

变量		AS1	AS2
成分	1	0.924	0.924

该表表明对于因子 1 的成分荷载 $AS1$ 是 0.924，$AS2$ 的是 0.924，即：

$$因子 1 = AS1 \times 0.94 + AS2 \times 0.94$$

皮尔逊线性相关性分析常用来定量描述两个定量变量间直线相关的方向和密切程度。从表 4 – 13 中可知，$AS1$ 和 $AS2$ 之间有显著的相关性。

表 4 – 13　　　　　　　　　　　　相关性分析

Sample1 – Sample2	AS1 – AS1	AS1 – AS2	AS2 – AS1	AS2 – AS2
皮尔逊相关性	1	0.709 **	0.709 **	1

四、社会交流效度检验

运用 SPSS26.0 对社会交流维度进行 KMO 和 Bartlett 球体检验，验证社会交流维度是否适用探索性因子分析，如表 4 – 14 所示。

表 4 – 14　　　　　　　　　　**KMO 和巴特利特检验**

KMO 取样适切性量数		0.908
巴特利特球形度检验	近似卡方	3189.153
	df（自由度）	28
	P-value	0.000

由检验结果可知，社会交流的 KMO 值为 0.908，大于 0.7，说明社会交流各维度之间具有较好的相关性，且巴特利特球形检验通过，适合做探索性因子分析。

通过对社会交流模型进行验证性因子分析，从表 4 – 15 中可以看出各变量的因素负荷量均大于 0.5，通过验证性因子分析结果，对基本素质各维度的组合信度和平均变异抽取值进行分析，得知社会交流各维度组合信度均大于 0.6，说明该模型具有较高的组合信度、内容效度。

表 4 – 15　　　　　　　　**社会交流维度验证性因子分析结果**

路径			Estimate	S. E.	C. R.	P
SI8	<---	社会交流维度	1			
SI7	<---	社会交流维度	1.121	0.073	15.292	***
SI6	<---	社会交流维度	1.061	0.071	15.049	***
SI5	<---	社会交流维度	1.326	0.078	17.052	***
SI4	<---	社会交流维度	1.391	0.082	16.898	***
SI3	<---	社会交流维度	1.51	0.084	17.968	***
SI2	<---	社会交流维度	1.513	0.087	17.394	***
SI1	<---	社会交流维度	1.184	0.076	15.568	***

注：*** 为 P < 0.001，** 为 P < 0.01，* 为 P < 0.05。

社会交流模型维度拟合指标如表 4 – 16 至表 4 – 18 所示。

表 4 – 16　　　　　　　　　　　**RMR 指标与 GFI 指标**

Model	RMR	GFI	AGFI	PGFI
Default model	0.031	0.879	0.782	0.488
Saturated model	0	1		
Independence model	0.38	0.268	0.059	0.209

表 4 – 17　　　　　　　　　　　**基准线比较指标参数**

Model	NFI Delta1	RFI rho1	IFI Delta2	TLI rho2	CFI
Default model	0.906	0.869	0.912	0.876	0.912
Saturated model	1		1		1
Independence model	0	0	0	0	0

表 4 – 18　　　　　　　　　　　**RMSEA 指标**

Model	RMSEA	LO 90	HI 90	PCLOSE
Default model	0.161	0.145	0.177	0
Independence model	0.458	0.445	0.471	0

上面三个表中，表 4 – 16 中，RMR 大于 0.1，AGFI 小于 0.8，仅有 GFI 大于 0.8，说明社会交流模型与数据的适配性欠佳；表 4 – 17 中，NFI、TLI 和 CFI 的值大于 0.9，IFI 接近 0.9，说明模型采用极大似然估计法估计效果较好；表 4 – 18 中，RMSEA 大于 0.1，说明该模型适配欠佳，还有改进余地。综上所述，本研究根据理论构建的社会交流维度模型需要进一步修正。

五、人才培养信度检验

运用 SPSS26.0 对人才培养维度进行 KMO 和 Bartlett 球体检验，验证人才培养维度是否适用探索性因子分析，如表 4 - 19 所示。

表 4 - 19　　　　　　　　　　　**KMO 和巴特利特检验**

KMO 取样适切性量数		0.939
巴特利特球形度检验	近似卡方	1092.436
	df（自由度）	6
	P-value	0.000

由检验结果可知，人才培养的 KMO 值为 0.0.939，大于 0.7，说明人才培养各维度之间具有较好的相关性，且巴特利特球形检验通过，适合做探索性因子分析。

通过对人才培养模型进行验证性因子分析，从表 4 - 20 中可以看出各变量的因素负荷量均大于 0.5，通过验证性因子分析结果，对人才培养各维度的组合信度和平均变异抽取值进行分析，得知人才培养各维度组合信度均大于 0.6，说明该模型具有较高的组合信度、内容效度。

表 4 - 20　　　　　　　　　**人才培养维度验证性因子分析结果**

路径			Estimate	S. E.	C. R.	P
TC4	<---	人才培养维度	1.000			
TC3	<---	人才培养维度	1.053	0.059	17.768	***
TC2	<---	人才培养维度	1.188	0.067	17.793	***
TC1	<---	人才培养维度	1.153	0.068	16.885	***

注：*** 为 P < 0.001，** 为 P < 0.01，* 为 P < 0.05。

上面三个表中，表 4 - 21 中，RMR 小于 0.1，GFI、AGFI 大于 0.9，说明人才培养模型与数据的适配性较好；表 4 - 22 中，NFI、IFI、TLI 和 CFI 的值均大于 0.9，说明模型采用极大似然估计法估计效果较好；表 4 - 23 中，RMSEA 大于 0.1，说明该模型适配欠佳，还有改进余地。综上所述，本研究根据理论构建的人才培养维度模型具有较好的适配性。

表 4 – 21   **RMR 指标与 GFI 指标**

Model	RMR	GFI	AGFI	PGFI
Default model	0.015	0.985	0.923	0.197
Saturated model	0.000	1.000		
Independence model	0.342	0.453	0.088	0.272

表 4 – 22   **基准线比较指标参数**

Model	NFI Delta1	RFI rho1	IFI Delta2	TLI rho2	CFI
Default model	0.985	0.956	0.987	0.961	0.987
Saturated model	1.000		1.000		1.000
Independence model	0.000	0.000	0.000	0.000	0.000

表 4 – 23   **RMSEA 指标**

Model	RMSEA	LO 90	HI 90	PCLOSE
Default model	0.114	0.067	0.169	0.015
Independence model	0.579	0.551	0.608	0.000

第二节 模 型 修 正

从本章上一节的数据分析结果可知，基于科研成果、教学质量、行政满意度、社会交流与人才培养等五维度考核指标构建的模型与真实数据之间适配性欠佳，这就需要对模型进行改进，同时对于 28 道考核指标是否过多，是否需要对指标数量进行缩减，这都是本节所研究的内容。因此，本节将采用SPSS26.0以及Amos26.0继续对数据进行深度分析，剔除相关性不高、有效性较低的评价题目，构建适配性较高的模型，简化整体考评体系，达到科学、合理、高效的要求。

一、绩效评定模型

未修订前，各维度之间的协方差估计如表4-24所示，整体来看，全体维度都是正向相关关系。由于相关系数反映两个变量之间的相互关系及其相关方向，但无法确切地表明两个变量之间的相关程度。表4-24给出各绩效维度协方差估计，方便观察各维度之间相关关系的大小。整体来看，其中行政满意度维度与其他维度的相关性较低，人才培养维度与社会交流维度间的相关程度较高（0.284）。

表4-24　　　　　　　　　各绩效维度协方差估计

联系路径			Estimate	S. E.	C. R.	P
人才培养维度	<---->	科研成果维度	0.211	0.022	9.474	***
社会交流维度	<---->	行政满意度维度	0.154	0.022	7.149	***
社会交流维度	<---->	教学质量维度	0.179	0.020	8.982	***
教学质量维度	<---->	行政满意度维度	0.101	0.017	6.111	***
人才培养维度	<---->	社会交流维度	0.284	0.028	10.322	***
社会交流维度	<---->	科研成果维度	0.234	0.023	10.338	***
教学质量维度	<---->	科研成果维度	0.134	0.016	8.410	***
人才培养维度	<---->	教学质量维度	0.265	0.025	10.560	***
人才培养维度	<---->	行政满意度维度	0.115	0.020	5.633	***
科研成果维度	<---->	行政满意度维度	0.100	0.016	6.126	***

以上检验了各绩效维度之间是正相关关系，且协方差检验均显著，说

明所有维度都是正向影响整体模型，因此不用剔除任何维度，也说明存在二阶潜在变量。

二阶验证性因子分析的路径回归系数如表 4 - 25 所示，从表中各维度对二阶潜变量的回归系数显著性检验都是显著的，说明各维度对科研绩效都有显著的解释力度。

表 4 - 25　　　　　　　　**二阶验证性因子分析回归系数**

对应路径			Estimate	S. E.	C. R.	P
行政满意度维度	<------	科研绩效	0.474	0.064	7.458	***
科研成果维度	<------	科研绩效	0.758	0.064	11.913	***
人才培养维度	<------	科研绩效	1.000			
社会交流维度	<------	科研绩效	1.015	0.077	13.216	***
教学质量维度	<------	科研绩效	0.738	0.060	12.211	***

但表 4 - 25 给出的是非标准化的回归系数，无法比较各维度之间对科研绩效的解释程度。因此，以下给出各维度对二阶潜变量科研绩效的标准化回归系数表。表 4 - 26 显示，行政满意度维度对科研绩效的解释力度最弱，科研成果维度对科研绩效解释程度最高。

表 4 - 26　　　　　　　　**标准化二阶验证性因子分析回归系数**

对应路径			Estimate
行政满意度维度	<------	科研绩效	0.471
科研成果维度	<------	科研绩效	0.857
人才培养维度	<------	科研绩效	0.784
社会交流维度	<------	科研绩效	0.882
教学质量维度	<------	科研绩效	0.717

以下给出该模型的拟合指标统计表，表 4 - 27 中拟合指标仅 RMSEA 小于0.1，达到了适配性标准，但其余指标均未大于0.9，说明该模型适配性欠佳，需要对模型进行改进。

表 4 - 27　　　　　　　　　　模型拟合指标统计

Model	NFI Delta1	RFI rho1	IFI Delta2	TLI rho2	CFI	RMSEA
Default model	0.840	0.825	0.867	0.854	0.867	0.087
Saturated model	1.000		1.000		1.000	
Independence model	0.000	0.000	0.000	0.000	0.000	0.229

二、降维修正

以下将对所有 28 道指标进行主成分分析，主成分分析（Principal Component Analysis，PCA）是一种统计方法，通过正交变换将一组可能存在相关性的变量转换为一组线性不相关的变量，转换后的这组变量叫主成分。

表 4 - 28 只放入了特征值大于 1 的成分，由表 4 - 28 可知，共有 5 个成分的特征值大于 1，5 个成分的累计贡献率仅 68.789%，通常情况下，需要特征值大于 1 的成分累计贡献率到达 80% 以上，说明还需要增加指标或者删减指标。表 4 - 29 给出因子载荷的具体数值。

表 4 - 28　　　　　　　　　　总方差解释

成分	初始特征值			提取载荷平方和			旋转载荷平方和
	总计	方差百分比	累积%	总计	方差百分比	累积%	总计
1	12.959	46.280	46.280	12.959	46.280	46.280	9.835
2	2.179	7.782	54.062	2.179	7.782	54.062	6.292
3	1.684	6.013	60.076	1.684	6.013	60.076	3.817

成分	初始特征值			提取载荷平方和			旋转载荷平方和
	总计	方差百分比	累积%	总计	方差百分比	累积%	总计
4	1.437	5.131	65.207	1.437	5.131	65.207	9.524
5	1.003	3.582	68.789	1.003	3.582	68.789	5.021

表 4 – 29　　　　　　　　因子载荷矩阵

维度	成分				
	1	2	3	4	5
sp1	0.485	0.075	0.130	0.040	− 0.360
sp2	0.851	− 0.057	0.065	0.134	− 0.199
sp3	0.619	0.071	− 0.022	− 0.071	− 0.156
sp4	0.676	− 0.106	0.097	0.042	− 0.292
sp5	0.549	0.025	0.043	− 0.149	− 0.148
sp6	0.815	0.121	0.003	− 0.041	0.181
sp7	0.789	0.097	− 0.023	− 0.150	0.161
sp8	0.815	0.046	− 0.031	− 0.084	0.023
sp9	0.546	0.076	− 0.033	− 0.436	0.166
sp10	0.550	0.097	0.170	− 0.242	0.090
tq1	− 0.064	0.862	0.123	0.029	0.077
tq2	− 0.051	0.621	− 0.134	− 0.141	− 0.240
tq3	0.181	0.695	− 0.098	0.044	− 0.034
tq4	− 0.008	0.760	0.163	0.056	− 0.105
as1	0.041	− 0.023	0.911	0.024	0.032
as2	− 0.042	0.100	0.858	− 0.073	0.025
sl1	0.317	0.091	− 0.102	− 0.593	0.032
sl2	− 0.017	− 0.040	− 0.070	− 0.921	− 0.059
sl3	0.056	0.001	− 0.035	− 0.869	− 0.047
sl4	− 0.117	0.007	0.157	− 0.817	− 0.124

维度	成分				
	1	2	3	4	5
sl5	0.033	0.031	0.083	−0.809	0.021
sl6	0.182	0.066	0.246	−0.432	−0.175
sl7	0.111	0.007	0.194	−0.511	−0.253
sl8	0.313	0.111	0.219	−0.430	0.153
tc1	0.011	0.197	0.002	−0.180	−0.629
tc2	0.098	0.140	−0.046	−0.144	−0.677
tc3	0.070	0.315	−0.011	−0.070	−0.619
tc4	0.185	0.085	0.045	−0.227	−0.543

对于因子载荷量，一般选取载荷绝对值大于 0.6 的因子，由上表可知，sp1、sp5、sp9、sp10、sl1、sl6、sl7、sl8、tc4 这九个因子的载荷的绝对值都小于 0.6，因此考虑将这三个因子剔除，剔除后的指标量表及所属维度如表 4 - 30 所示。

表 4 - 30   **剔除后的指标量表及所属维度**

题项	分类	对应编号
您认为科研项目立项（厅级以上）在绩效考评中的重要程度为	科研成果	SP2
您认为非科研项目立项在绩效考评中的重要程度为		SP3
您认为科研成果的转换率在绩效考评中的重要程度为		SP4
您认为将学术论文发表的质量和数量作为绩效考核的主要依据，但并非唯一依据		SP6
您认为将学术著作作为绩效考核的重要指标		SP7
您认为科研成果获奖是工作绩效的重要体现		SP8
您认为将学生对课程的满意度评价纳入绩效考核的重要程度为	教学质量	TQ1
您认为将所授课程的教学质量（挂科率）纳入绩效考核的重要程度为		TQ2
您认为教学课时数（每学期）在绩效考评中的重要程度为		TQ3
您认为学生对您所授课程的教学质量评价对您的绩效考核重要程度为		TQ4

题项	分类	对应编号
您认为教师对行政部门的满意度纳入行政科室绩效考核的重要程度为	行政满意度	AS1
您认为学生对行政部门的满意度纳入行政科室绩效考核的重要程度为		AS2
您认为媒体曝光度（参加相关节目）在绩效考评中的重要程度为	社会交流	SI2
您认为您在网络平台上关于科研项目的发言在绩效考评中的重要程度为		SI3
您认为运用新媒体进行知识分享和教学资料共享在绩效考核中的重要程度为		SI4
您认为在非学术刊物上发表学术观点或文章在绩效考核中的重要程度为		SI5
您认为您所带学生的就业率在绩效考评中的重要程度为	人才培养	TC1
您认为您所带学生的升学率在绩效考评中的重要程度为		TC2
您认为您所带学生的结课成绩在对您的绩效考评中的重要程度为		TC3

通过删减，科研成果维度由原来的 10 道指标删减为 6 道指标，社会交流维度由原来的 8 道指标删减为 4 道指标，人才培养维度由原来 4 道指标删减为 3 道指标，其余维度不变。其实，从因子分析中可知，当初通过问卷设计归纳得到的五个维度是精准的，不用移动各因子去优化维度内容，仅删减因子就可达到优化模型的目的。以下将对删减优化后的模型进行适配度分析。

修正后模型的适配性指标如表 4 - 31 所示。通过对修正后科研绩效评价模型的分析，可知各项适配性指标几乎都达到了要求，说明修正后的模型与真实数据间适配性良好。因此，可以以此构建指标体系。

表 4 - 31　　　　　　　　修正后模型的适配性指标

	NFI Delta1	RFI rho1	IFI Delta2	TLI rho2	CFI	RMSEA
Default model	0.907	0.892	0.928	0.916	0.927	0.077
Saturated model	1.000		1.000		1.000	
Independence model	0.000	0.000	0.000	0.000	0.000	0.266

三、指标权重设置

本研究已经构建了科研绩效评价模型，但是各维度权重大小并未给出，以下将通过对修正后的科研绩效评价模型进行因子分析，得到各因子的载荷大小，以此判定权重大小。在权重确定过程中，整个测量模型中的数值表达称为绝对权重，同层各个指标之间的数值称为相对权重。在权重确定中常用的方法有因子分析、层次分析及回归分析等方法。结合本研究内容为高校教师绩效评价体系模型建立，本研究采用程序简洁，结果科学、合理，能够直接反映各层级指标之间的关系的因子分析法进行评价体系权重确定。因子分析确定评价体系模型各指标的权重，意在将复杂、多元的变量简化为少数几个综合指标进行测量，通过旋转矩阵分析确定各指标与各维度之间的关系，将确定归属关系的指标和维度带入 Amos27.0 中进行验证性因子分析，确定各指标的相对权重。

科研成果、教学质量、行政满意度、社会交流与人才培养等五维度的指标权重使用主成分分析法确定，以下给出修订后各因子的主成分分析表，如表 4 – 32 所示。

表 4 – 32　　　　　　　　　　　　**方差解释**

成分	初始特征值			提取载荷平方和			旋转载荷平方和
	总计	方差百分比	累积%	总计	方差百分比	累积%	
1	8.313	43.751	43.751	8.313	43.751	43.751	6.214
2	1.919	10.102	53.853	1.919	10.102	53.853	4.273
3	1.572	8.273	62.126	1.572	8.273	62.126	2.553
4	1.341	7.057	69.183	1.341	7.057	69.183	5.902
5	1.140	4.813	73.995	1.140	4.813	73.995	4.564

由表 4 – 32 可知，5 个主成分因子的累积贡献率为 73.995%，各主成

分的贡献率分别为43.751%、10.102%、8.273%、7.057%、4.813%。说明该模型五维度能有效解释整体模型。因此，关于科研成果、教学质量、行政满意度、社会交流与人才培养五维度的二级指标权重构建如表4-33所示。

表4-33　　　　　　　　　　　五维度绝对权重

对应路径	贡献率	绝对权重（%）
科研成果维度	43.751	59.126
教学质量维度	10.102	13.652
行政满意度维度	8.273	11.180
社会交流维度	7.057	9.537
人才培养维度	4.813	6.504

三级指标权重采用验证性因子分析，具体结果如表4-34所示。

表4-34　　　　　　　　　　　三级指标因子载荷

指标对应			因子载荷	指标对应			因子载荷
SP4	<---	科研成果维度	0.672	TC1	<---	人才培养维度	0.809
SP6	<---	科研成果维度	0.827	TC2	<---	人才培养维度	0.843
SP7	<---	科研成果维度	0.876	TC3	<---	人才培养维度	0.815
SP8	<---	科研成果维度	0.863	SI3	<---	社会交流维度	0.923
AS1	<---	行政满意度维度	0.751	SI4	<---	社会交流维度	0.822
AS2	<---	行政满意度维度	0.944	SI5	<---	社会交流维度	0.824
SP2	<---	科研成果维度	0.767	TQ1	<---	教学质量维度	0.696
SP3	<---	科研成果维度	0.681	TQ2	<---	教学质量维度	0.679
SI2	<---	社会交流维度	0.875	TQ3	<---	教学质量维度	0.647
				TQ4	<---	教学质量维度	0.777

综上分析，以下给出三级指标与二级指标的具体权重，如表 4 - 35
所示。

表 4 - 35　　　　　　　　　　　　**各指标权重确立**

一级指标	二级指标	三级指标	对应编号	因子载荷系数	三级指标相对权重	三级指标绝对权重
高校教师科研绩效评价体系	科研成果（0.59126）	科研项目立项（厅级以上）在绩效考评中的重要程度	SP2	0.767	0.164	0.097
		非科研项目立项在绩效考评中的重要程度	SP3	0.681	0.145	0.086
		科研成果的转换率在绩效考评中的重要程度	SP4	0.672	0.143	0.085
		将学术论文发表的质量和数量作为绩效考核的主要依据，但并非是唯一依据	SP6	0.827	0.176	0.104
		将学术著作作为绩效考核的重要指标	SP7	0.876	0.187	0.111
		科研成果获奖是工作绩效的重要体现	SP8	0.863	0.184	0.109
	教学质量（0.13652）	将学生对课程的满意度评价纳入绩效考核的重要程度	TQ1	0.696	0.249	0.034
		将所授课程的教学质量（挂科率）纳入绩效考核的重要程度	TQ2	0.679	0.243	0.033
		教学课时数（每学期）在绩效考评中的重要程度	TQ3	0.647	0.231	0.032
		学生对您所授课程的教学质量评价对您的绩效考核的重要程度	TQ4	0.777	0.278	0.038
	行政满意度（0.1118）	教师对行政部门的满意度纳入行政科室绩效考核的重要程度	AS1	0.751	0.443	0.050
		学生对行政部门的满意度纳入行政科室绩效考核的重要程度	AS2	0.944	0.557	0.062

一级指标	二级指标	三级指标	对应编号	因子载荷系数	三级指标相对权重	三级指标绝对权重
高校教师科研绩效评价体系	社会交流 (0.09537)	媒体曝光度（参加相关节目）在绩效考评中的重要程度	SI2	0.875	0.254	0.024
		您在网络平台上关于科研项目的发言在绩效考评中的重要程度	SI3	0.923	0.268	0.026
		运用新媒体进行知识分享和教学资料共享在绩效考核中的重要程度	SI4	0.822	0.239	0.023
		在非学术刊物上发表学术观点或文章在绩效考核中的重要程度	SI5	0.824	0.239	0.023
	人才培养 (0.06504)	所带学生的就业率在绩效考评中的重要程度	TC1	0.809	0.328	0.021
		所带学生的升学率在绩效考评中的重要程度	TC2	0.843	0.342	0.022
		所带学生的结课成绩在您的绩效考评中的重要程度	TC3	0.815	0.330	0.021

综上所述，在二级指标权重中，科研成果占比最大，人才培养占比最小，而三级指标权重，具体高校可根据其具体的绩效评定进行参考。

以上是整体数据的权重设置，以下分别给出贵州省属科研事业单位的分类别指标权重设置。

（一）学历指标权重

1. 本科学历指标权重

本科学历指标权重设置如表 4 – 36 至表 4 – 38 所示。

表 4 – 36　　　　　　　　　　　　　本科学历方差解释

成分	初始特征值			提取载荷平方和			旋转载荷平方和
	总计	方差百分比	累积%	总计	方差百分比	累积%	
1	9.311	49.004	49.004	9.311	49.004	49.004	7.096
2	1.781	9.372	58.376	1.781	9.372	58.376	3.16
3	1.325	6.971	65.347	1.325	6.971	65.347	5.233
4	1.177	6.193	71.54	1.177	6.193	71.54	6.411
5	0.899	4.732	76.272	0.899	4.732	76.272	3.25

表 4 – 37　　　　　　　　　　　　本科学历三级指标因子载荷

对应路径			因子载荷	对应路径			因子载荷
SP2	<---	科研成果维度	0.819	AS1	<---	行政满意度维度	0.889
SP3	<---	科研成果维度	0.759	AS2	<---	行政满意度维度	0.896
SP4	<---	科研成果维度	0.746	SI2	<---	社会交流维度	0.839
SP6	<---	科研成果维度	0.856	SI3	<---	社会交流维度	0.923
SP7	<---	科研成果维度	0.902	SI4	<---	社会交流维度	0.799
SP8	<---	科研成果维度	0.862	SI5	<---	社会交流维度	0.812
TQ1	<---	教学质量维度	0.668	TC1	<---	人才培养维度	0.792
TQ2	<---	教学质量维度	0.711	TC2	<---	人才培养维度	0.882
TQ3	<---	教学质量维度	0.674	TC3	<---	人才培养维度	0.794
TQ4	<---	教学质量维度	0.75				

表 4 - 38   **本科学历个指标权重确定**

一级指标	二级指标	三级指标	对应编号	因子载荷系数	三级指标相对权重	三级指标绝对权重
高校教师科研绩效评价体系	科研成果（0.643）	科研项目立项（厅级以上）在绩效考评中的重要程度	SP2	0.819	0.166	0.106
		非科研项目立项在绩效考评中的重要程度	SP3	0.759	0.154	0.099
		科研成果的转换率在绩效考评中的重要程度	SP4	0.746	0.151	0.097
		将学术论文发表的质量和数量作为绩效考核的主要依据，但并非是唯一依据	SP6	0.856	0.173	0.111
		将学术著作作为绩效考核的重要指标	SP7	0.902	0.182	0.117
		科研成果获奖是工作绩效的重要体现	SP8	0.862	0.174	0.112
	教学质量（0.123）	将学生对课程的满意度评价纳入绩效考核的重要程度	TQ1	0.668	0.238	0.029
		将所授课程的教学质量（挂科率）纳入绩效考核的重要程度	TQ2	0.711	0.254	0.031
		教学课时数（每学期）在绩效考评中的重要程度	TQ3	0.674	0.240	0.030
		学生对您所授课程的教学质量评价对您的绩效考核的重要程度	TQ4	0.750	0.268	0.033
	行政满意度（0.091）	教师对行政部门的满意度纳入行政科室绩效考核的重要程度	AS1	0.889	0.498	0.046
		学生对行政部门的满意度纳入行政科室绩效考核的重要程度	AS2	0.896	0.502	0.046
	社会交流（0.081）	媒体曝光度（参加相关节目）在绩效考评中的重要程度	SI2	0.839	0.249	0.020
		您在网络平台上关于科研项目的发言在绩效考评中的重要程度	SI3	0.923	0.274	0.022

续表

一级指标	二级指标	三级指标	对应编号	因子载荷系数	三级指标相对权重	三级指标绝对权重
高校教师科研绩效评价体系	社会交流（0.081）	运用新媒体进行知识分享和教学资料共享在绩效考核中的重要程度	SI4	0.799	0.237	0.019
		在非学术刊物上发表学术观点或文章在绩效考核中的重要程度	SI5	0.812	0.241	0.020
	人才培养（0.062）	所带学生的就业率在绩效考评中的重要程度	TC1	0.792	0.321	0.020
		所带学生的升学率在绩效考评中的重要程度	TC2	0.882	0.357	0.022
		所带学生的结课成绩在您的绩效考评中的重要程度	TC3	0.794	0.322	0.020

2. 硕士学历指标权重

硕士学历指标权重设置如表4-39至表4-41所示。

表4-39　　　　　　　　　硕士学历方差解释

成分	初始特征值			提取载荷平方和			旋转载荷平方和
	总计	方差百分比	累积%	总计	方差百分比	累积%	
1	7.092	37.325	37.325	7.092	37.325	37.325	5.264
2	2.228	11.729	49.054	2.228	11.729	49.054	3.169
3	1.632	8.591	57.645	1.632	8.591	57.645	5.054
4	1.587	8.351	65.996	1.587	8.351	65.996	2.163
5	1.053	5.54	71.536	1.053	5.54	71.536	3.815

表 4 – 40   **硕士学历三级指标因子载荷**

对应路径			因子载荷	对应路径			因子载荷
SP2	<---	科研成果维度	0.716	AS1	<---	行政满意度维度	0.697
SP3	<---	科研成果维度	0.591	AS2	<---	行政满意度维度	0.917
SP4	<---	科研成果维度	0.553	SI2	<---	社会交流维度	0.894
SP6	<---	科研成果维度	0.817	SI3	<---	社会交流维度	0.922
SP7	<---	科研成果维度	0.861	SI4	<---	社会交流维度	0.825
SP8	<---	科研成果维度	0.870	SI5	<---	社会交流维度	0.818
TQ1	<---	教学质量维度	0.714	TC1	<---	人才培养维度	0.803
TQ2	<---	教学质量维度	0.556	TC2	<---	人才培养维度	0.784
TQ3	<---	教学质量维度	0.619	TC3	<---	人才培养维度	0.777
TQ4	<---	教学质量维度	0.819				

表 4 – 41   **硕士学历各指标权重确定**

一级指标	二级指标	三级指标	对应编号	因子载荷系数	三级指标相对权重	三级指标绝对权重
高校教师科研绩效评价体系	科研成果（0.522）	科研项目立项（厅级以上）在绩效考评中的重要程度	SP2	0.716	0.162	0.085
		非科研项目立项在绩效考评中的重要程度	SP3	0.591	0.134	0.070
		科研成果的转换率在绩效考评中的重要程度	SP4	0.553	0.125	0.065
		将学术论文发表的质量和数量作为绩效考核的主要依据，但并非是唯一依据	SP6	0.817	0.185	0.097
		将学术著作作为绩效考核的重要指标	SP7	0.861	0.195	0.102
		科研成果获奖情况是工作绩效的重要体现	SP8	0.870	0.197	0.103

一级指标	二级指标	三级指标	对应编号	因子载荷系数	三级指标相对权重	三级指标绝对权重
高校教师科研绩效评价体系	教学质量（0.164）	将学生对课程的满意度评价纳入绩效考核的重要程度	TQ1	0.714	0.264	0.043
		将所授课程的教学质量（挂科率）纳入绩效考核的重要程度	TQ2	0.556	0.205	0.034
		教学课时数（每学期）在绩效考评中的重要程度	TQ3	0.619	0.229	0.037
		学生对您所授课程的教学质量评价对您的绩效考核的重要程度	TQ4	0.819	0.302	0.050
	行政满意度（0.120）	教师对行政部门的满意度纳入行政科室绩效考核的重要程度	AS1	0.697	0.432	0.052
		学生对行政部门的满意度纳入行政科室绩效考核的重要程度	AS2	0.917	0.568	0.068
	社会交流（0.117）	媒体曝光度（参加相关节目）在绩效考评中的重要程度	SI2	0.894	0.258	0.030
		您在网络平台上关于科研项目的发言在绩效考评中的重要程度	SI3	0.922	0.267	0.031
		运用新媒体进行知识分享和教学资料共享在绩效考核中的重要程度	SI4	0.825	0.239	0.028
		在非学术刊物上发表学术观点或文章在绩效考核中的重要程度	SI5	0.818	0.236	0.028
	人才培养（0.077）	所带学生的就业率在绩效考评中的重要程度	TC1	0.803	0.340	0.026
		所带学生的升学率在绩效考评中的重要程度	TC2	0.784	0.332	0.026
		所带学生的结课成绩在您的绩效考评中的重要程度	TC3	0.777	0.329	0.025

3. 博士学历指标权重

博士学历指标权重设置如表 4-42 至表 4-45 所示。

表 4-42　　　　　　　　　　博士学历方差解释

成分	初始特征值			提取载荷平方和			旋转载荷平方和
	总计	方差百分比	累积%	总计	方差百分比	累积%	
1	7.731	40.692	40.692	7.731	40.692	40.692	5.304
2	2.76	14.528	55.22	2.76	14.528	55.22	4.1
3	1.73	9.103	64.323	1.73	9.103	64.323	5.149
4	1.452	7.641	71.964	1.452	7.641	71.964	2.109
5	1.165	6.131	78.096	1.165	6.131	78.096	3.839

表 4-43　　　　　　　　　　修正模型后的路径分析

路径	Estimate	S.E.	C.R.	P	路径	Estimate	S.E.	C.R.	P
AS1	1				SI2	1.186	0.145	8.195	***
AS2	0.011	0.016	0.688	0.491	SI3	1.098	0.134	8.177	***
TC1	1.359	0.188	7.219	***	SI4	1.134	0.122	9.284	***
TC2	1.321	0.178	7.413	***	SI5	1			
TC3	1				SP2	1			
TQ1	1				SP3	0.795	0.17	4.684	***
TQ2	1.122	0.227	4.931	***	SP4	0.982	0.186	5.283	***
TQ3	0.771	0.201	3.826	***	SP6	1.109	0.189	5.859	***
TQ4	1.016	0.189	5.367	***	SP7	1.025	0.189	5.429	***
					SP8	1.146	0.184	6.231	***

表 4 – 44   博士学历三级指标因子载荷

对应路径		因子载荷	对应路径		因子载荷
SP2	<--- 科研成果维度	0.731	SI2	<--- 社会交流维度	0.902
SP3	<--- 科研成果维度	0.643	SI3	<--- 社会交流维度	0.898
SP4	<--- 科研成果维度	0.714	SI4	<--- 社会交流维度	0.889
SP6	<--- 科研成果维度	0.803	SI5	<--- 社会交流维度	0.853
SP7	<--- 科研成果维度	0.751	TC1	<--- 人才培养维度	0.886
SP8	<--- 科研成果维度	0.853	TC2	<--- 人才培养维度	0.919
TQ1	<--- 教学质量维度	0.744	TC3	<--- 人才培养维度	0.783
TQ2	<--- 教学质量维度	0.735			
TQ3	<--- 教学质量维度	0.619			
TQ4	<--- 教学质量维度	0.746			

在对博士学历数据进行因子分析时，发现行政满意度维度中"学生对行政部门的满意度纳入行政科室绩效考核的重要程度"这一指标在路径中不显著，因此，在博士学历中，仅用"教师对行政部门的满意度纳入行政科室绩效考核的重要程度"这一指标代表行政满意度。检验结果如表 4 – 45 所示。

表 4 – 45   博士学历各指标权重确立

一级指标	二级指标	三级指标	对应编号	因子载荷系数	三级指标相对权重	三级指标绝对权重
高校教师科研绩效评价体系	科研成果（0.521）	科研项目立项（厅级以上）在绩效考评中的重要程度	SP2	0.731	0.163	0.085
		非科研项目立项在绩效考评中的重要程度	SP3	0.643	0.143	0.075
		科研成果的转换率在绩效考评中的重要程度	SP4	0.714	0.159	0.083
		将学术论文发表的质量和数量作为绩效考核的主要依据，但并非是唯一依据	SP6	0.803	0.179	0.093

一级指标	二级指标	三级指标	对应编号	因子载荷系数	三级指标相对权重	三级指标绝对权重
高校教师科研绩效评价体系	科研成果（0.521）	将学术著作作为绩效考核的重要指标	SP7	0.751	0.167	0.087
		科研成果获奖是工作绩效的重要体现	SP8	0.853	0.190	0.099
	教学质量（0.186）	将学生对课程的满意度评价纳入绩效考核的重要程度	TQ1	0.744	0.262	0.049
		将所授课程的教学质量（挂科率）纳入绩效考核的重要程度	TQ2	0.735	0.258	0.048
		教学课时数（每学期）在绩效考评中的重要程度	TQ3	0.619	0.218	0.040
		学生对您所授课程的教学质量评价对您的绩效考核的重要程度	TQ4	0.746	0.262	0.049
	行政满意度（0.117）	教师对行政部门的满意度纳入行政科室绩效考核的重要程度	AS1		1.000	0.117
		学生对行政部门的满意度纳入行政科室绩效考核的重要程度	AS2			
	社会交流（0.098）	媒体曝光度（参加相关节目）在绩效考评中的重要程度	SI2	0.902	0.255	0.025
		您在网络平台上关于科研项目的发言在绩效考评中的重要程度	SI3	0.898	0.254	0.025
		运用新媒体进行知识分享和教学资料共享在绩效考核中的重要程度	SI4	0.889	0.251	0.025
		在非学术刊物上发表学术观点或文章在绩效考核中的重要程度	SI5	0.853	0.241	0.024
	人才培养（0.079）	所带学生的就业率在绩效考评中的重要程度	TC1	0.886	0.342	0.027
		所带学生的升学率在绩效考评中的重要程度	TC2	0.919	0.355	0.028
		所带学生的结课成绩在您的绩效考评中的重要程度	TC3	0.783	0.303	0.024

（二）工作年限指标权重

1. 三年以下工作年限指标权重

三年以下工作年限指标权重设置如表4-46至表4-48所示。

表4-46　　　　　　　　三年以下工作年限方差解释

成分	初始特征值			提取载荷平方和			旋转载荷平方和
	总计	方差百分比	累积%	总计	方差百分比	累积%	
1	4.933	43.493	43.493	4.933	43.493	43.493	3.995
2	1.433	12.638	56.131	1.433	12.638	56.131	3.088
3	1.034	9.118	65.249	1.034	9.118	65.249	3.066
4	0.787	6.94	72.19	0.787	6.94	72.19	1.554
5	0.481	4.245	76.434	0.481	4.245	76.434	0.927

表4-47　　　　　　　　三年以下工作年限指标因子载荷

对应路径			因子载荷	对应路径			因子载荷
SP2	<---	科研成果维度	0.791	AS1	<---	行政满意度维度	0.777
SP3	<---	科研成果维度	0.788	AS2	<---	行政满意度维度	0.862
SP4	<---	科研成果维度	0.785	SI2	<---	社会交流维度	0.942
SP6	<---	科研成果维度	0.746	SI3	<---	社会交流维度	0.950
SP7	<---	科研成果维度	0.756	SI4	<---	社会交流维度	0.865
SP8	<---	科研成果维度	0.868	SI5	<---	社会交流维度	0.754
TQ1	<---	教学质量维度	0.596	TC1	<---	人才培养维度	0.853
TQ2	<---	教学质量维度	0.676	TC2	<---	人才培养维度	0.727
TQ3	<---	教学质量维度	0.550	TC3	<---	人才培养维度	0.839
TQ4	<---	教学质量维度	0.713				

表 4 – 48　　　　　　　　　　**三年以下工作年限各指标权重确立**

一级指标	二级指标	三级指标	对应编号	因子载荷系数	三级指标相对权重	三级指标绝对权重
高校教师科研绩效评价体系	科研成果 （0.569）	科研项目立项（厅级以上）在绩效考评中的重要程度	SP2	0.791	0.167	0.095
		非科研项目立项在绩效考评中的重要程度	SP3	0.788	0.166	0.095
		科研成果的转换率在绩效考评中的重要程度	SP4	0.785	0.166	0.094
		将学术论文发表的质量和数量作为绩效考核的主要依据，但并非是唯一依据	SP6	0.746	0.158	0.090
		将学术著作作为绩效考核的重要指标	SP7	0.756	0.160	0.091
		科研成果获奖是工作绩效的重要体现	SP8	0.868	0.183	0.104
	教学质量 （0.165）	将学生对课程的满意度评价纳入绩效考核的重要程度	TQ1	0.596	0.235	0.039
		将所授课程的教学质量（挂科率）纳入绩效考核的重要程度	TQ2	0.676	0.267	0.044
		教学课时数（每学期）在绩效考评中的重要程度	TQ3	0.550	0.217	0.036
		学生对您所授课程的教学质量评价对您的绩效考核的重要程度	TQ4	0.713	0.281	0.047
	行政满意度 （0.119）	教师对行政部门的满意度纳入行政科室绩效考核的重要程度	AS1	0.777	0.474	0.057
		学生对行政部门的满意度纳入行政科室绩效考核的重要程度	AS2	0.862	0.526	0.063
	社会交流 （0.091）	媒体曝光度（参加相关节目）在绩效考评中的重要程度	SI2	0.942	0.268	0.024
		您在网络平台上关于科研项目的发言在绩效考评中的重要程度	SI3	0.950	0.271	0.025

一级指标	二级指标	三级指标	对应编号	因子载荷系数	三级指标相对权重	三级指标绝对权重
高校教师科研绩效评价体系	社会交流（0.091）	运用新媒体进行知识分享和教学资料共享在绩效考核中的重要程度	SI4	0.865	0.246	0.022
		在非学术刊物上发表学术观点或文章在绩效考核中的重要程度	SI5	0.754	0.215	0.020
	人才培养（0.056）	所带学生的就业率在绩效考评中的重要程度	TC1	0.853	0.353	0.020
		所带学生的升学率在绩效考评中的重要程度	TC2	0.727	0.301	0.017
		所带学生的结课成绩在您的绩效考评中的重要程度	TC3	0.839	0.347	0.019

2. 4～6 年工作年限指标权重

4～6 年工作年限指标权重设置如表 4－49 至表 4－51 所示。

表 4－49　　　　　　4～6 年工作年限方差解释

成分	初始特征值			提取载荷平方和			旋转载荷平方和
	总计	方差百分比	累积%	总计	方差百分比	累积%	
1	7.838	41.252	41.252	7.838	41.252	41.252	5.091
2	2.225	11.71	52.962	2.225	11.71	52.962	4.343
3	1.935	10.184	63.146	1.935	10.184	63.146	5.649
4	1.386	7.292	70.438	1.386	7.292	70.438	2.69
5	0.94	4.948	75.386	0.94	4.948	75.386	3.313

表 4 – 50　　　　　　　　4 ~ 6 年工作年限三级指标因子载荷

对应路径			因子载荷	对应路径			因子载荷
SP2	<---	科研成果维度	0.791	AS1	<---	行政满意度维度	0.777
SP3	<---	科研成果维度	0.788	AS2	<---	行政满意度维度	0.862
SP4	<---	科研成果维度	0.785	SI2	<---	社会交流维度	0.942
SP6	<---	科研成果维度	0.746	SI3	<---	社会交流维度	0.950
SP7	<---	科研成果维度	0.756	SI4	<---	社会交流维度	0.865
SP8	<---	科研成果维度	0.868	SI5	<---	社会交流维度	0.754
TQ1	<---	教学质量维度	0.596	TC1	<---	人才培养维度	0.853
TQ2	<---	教学质量维度	0.676	TC2	<---	人才培养维度	0.727
TQ3	<---	教学质量维度	0.550	TC3	<---	人才培养维度	0.839
TQ4	<---	教学质量维度	0.713				

表 4 – 51　　　　　　　　4 ~ 6 年工作年限各指标权重确立

一级指标	二级指标	三级指标	对应编号	因子载荷系数	三级指标相对权重	三级指标绝对权重
高校教师科研绩效评价体系	科研成果（0.547）	科研项目立项（厅级以上）在绩效考评中的重要程度	SP2	0.791	0.167	0.091
		非科研项目立项在绩效考评中的重要程度	SP3	0.788	0.166	0.091
		科研成果的转换率在绩效考评中的重要程度	SP4	0.785	0.166	0.091
		将学术论文发表的质量和数量作为绩效考核的主要依据，但并非是唯一依据	SP6	0.746	0.158	0.086
		将学术著作作为绩效考核的重要指标	SP7	0.756	0.160	0.087
		科研成果获奖是工作绩效的重要体现	SP8	0.868	0.183	0.100

续表

一级指标	二级指标	三级指标	对应编号	因子载荷系数	三级指标相对权重	三级指标绝对权重
高校教师科研绩效评价体系	教学质量（0.155）	将学生对课程的满意度评价纳入绩效考核的重要程度	TQ1	0.596	0.235	0.037
		将所授课程的教学质量（挂科率）纳入绩效考核的重要程度	TQ2	0.676	0.267	0.041
		教学课时数（每学期）在绩效考评中的重要程度	TQ3	0.550	0.217	0.034
		学生对您所授课程的教学质量评价对您的绩效考核的重要程度	TQ4	0.713	0.281	0.044
	行政满意度（0.135）	教师对行政部门的满意度纳入行政科室绩效考核的重要程度	AS1	0.777	0.474	0.064
		学生对行政部门的满意度纳入行政科室绩效考核的重要程度	AS2	0.862	0.526	0.071
	社会交流（0.097）	媒体曝光度（参加相关节目）在绩效考评中的重要程度	SI2	0.942	0.268	0.026
		您在网络平台上关于科研项目的发言在绩效考评中的重要程度	SI3	0.950	0.271	0.026
		运用新媒体进行知识分享和教学资料共享在绩效考核中的重要程度	SI4	0.865	0.246	0.024
		在非学术刊物上发表学术观点或文章在绩效考核中的重要程度	SI5	0.754	0.215	0.021
	人才培养（0.066）	所带学生的就业率在绩效考评中的重要程度	TC1	0.853	0.353	0.023
		所带学生的升学率在绩效考评中的重要程度	TC2	0.727	0.301	0.020
		所带学生的结课成绩在您的绩效考评中的重要程度	TC3	0.839	0.347	0.023

3. 7~9 年工作年限指标权重

7~9 年工作年限指标权重设置如表 4 - 52 至表 4 - 54 所示。

表 4 - 52 　　　　　　　　 7 ~ 9 年工作年限方差解释

成分	初始特征值			提取载荷平方和			旋转载荷平方和
	总计	方差百分比	累积%	总计	方差百分比	累积%	
1	9.384	49.389	49.389	9.384	49.389	49.389	7.543
2	1.798	9.463	58.852	1.798	9.463	58.852	4.195
3	1.695	8.923	67.775	1.695	8.923	67.775	6.168
4	1.226	6.453	74.227	1.226	6.453	74.227	3.637
5	0.836	4.402	78.629	0.836	4.402	78.629	1.405

表 4 - 53 　　　　　　　　 7 ~ 9 年工作年限三级指标因子载荷

对应路径			因子载荷	对应路径			因子载荷
SP2	<---	科研成果维度	0.749	AS1	<---	行政满意度维度	0.874
SP3	<---	科研成果维度	0.746	AS2	<---	行政满意度维度	0.878
SP4	<---	科研成果维度	0.715	SI2	<---	社会交流维度	0.859
SP6	<---	科研成果维度	0.856	SI3	<---	社会交流维度	0.909
SP7	<---	科研成果维度	0.887	SI4	<---	社会交流维度	0.859
SP8	<---	科研成果维度	0.9	SI5	<---	社会交流维度	0.914
TQ1	<---	教学质量维度	0.743	TC1	<---	人才培养维度	0.782
TQ2	<---	教学质量维度	0.528	TC2	<---	人才培养维度	0.904
TQ3	<---	教学质量维度	0.614	TC3	<---	人才培养维度	0.805
TQ4	<---	教学质量维度	0.85				

表 4 – 54　　　　　　　　　**7~9 年工作年限指标权重确立**

一级指标	二级指标	三级指标	对应编号	因子载荷系数	三级指标相对权重	三级指标绝对权重
高校教师科研绩效评价体系	科研成果（0.547）	科研项目立项（厅级以上）在绩效考评中的重要程度	SP2	0.749	0.154	0.097
		非科研项目立项在绩效考评中的重要程度	SP3	0.746	0.154	0.097
		科研成果的转换率在绩效考评中的重要程度	SP4	0.715	0.147	0.093
		将学术论文发表的质量和数量作为绩效考核的主要依据，但并非是唯一依据	SP6	0.856	0.176	0.111
		将学术著作作为绩效考核的重要指标	SP7	0.887	0.183	0.115
		科研成果获奖是工作绩效的重要体现	SP8	0.900	0.185	0.116
	教学质量（0.155）	将学生对课程的满意度评价纳入绩效考核的重要程度	TQ1	0.743	0.272	0.033
		将所授课程的教学质量（挂科率）纳入绩效考核的重要程度	TQ2	0.528	0.193	0.023
		教学课时数（每学期）在绩效考评中的重要程度	TQ3	0.614	0.224	0.027
		学生对您所授课程的教学质量评价对您的绩效考核的重要程度	TQ4	0.850	0.311	0.037
	行政满意度（0.135）	教师对行政部门的满意度纳入行政科室绩效考核的重要程度	AS1	0.874	0.499	0.057
		学生对行政部门的满意度纳入行政科室绩效考核的重要程度	AS2	0.878	0.501	0.057
	社会交流（0.097）	媒体曝光度（参加相关节目）在绩效考评中的重要程度	SI2	0.859	0.243	0.020
		您在网络平台上关于科研项目的发言在绩效考评中的重要程度	SI3	0.909	0.257	0.021

续表

一级指标	二级指标	三级指标	对应编号	因子载荷系数	三级指标相对权重	三级指标绝对权重
高校教师科研绩效评价体系	社会交流（0.097）	运用新媒体进行知识分享和教学资料共享在绩效考核中的重要程度	SI4	0.859	0.243	0.020
		在非学术刊物上发表学术观点或文章在绩效考核中的重要程度	SI5	0.914	0.258	0.021
	人才培养（0.066）	所带学生的就业率在绩效考评中的重要程度	TC1	0.782	0.314	0.018
		所带学生的升学率在绩效考评中的重要程度	TC2	0.904	0.363	0.020
		所带学生的结课成绩在您的绩效考评中的重要程度	TC3	0.805	0.323	0.018

4. 9 年以上工作年限指标权重

9 年以上工作年限指标权重设置如表 4 - 55 至表 4 - 57 所示。

表 4 - 55　　　　　9 年以上工作年限方差解释

成分	初始特征值			提取载荷平方和			旋转载荷平方和
	总计	方差百分比	累积%	总计	方差百分比	累积%	
1	8.210	43.212	43.212	8.210	43.212	43.212	6.235
2	1.945	10.238	53.450	1.945	10.238	53.450	4.200
3	1.703	8.965	62.415	1.703	8.965	62.415	2.148
4	1.178	6.201	68.615	1.178	6.201	68.615	5.856
5	0.945	4.976	73.591	0.945	4.976	73.591	4.564

表 4－56　　　　　**9 年以上工作年限三级指标因子载荷**

对应路径			因子载荷	对应路径			因子载荷
SP2	<---	科研成果维度	0.806	AS1	<---	行政满意度维度	0.613
SP3	<---	科研成果维度	0.655	AS2	<---	行政满意度维度	1.110
SP4	<---	科研成果维度	0.677	SI2	<---	社会交流维度	0.826
SP6	<---	科研成果维度	0.808	SI3	<---	社会交流维度	0.896
SP7	<---	科研成果维度	0.872	SI4	<---	社会交流维度	0.807
SP8	<---	科研成果维度	0.853	SI5	<---	社会交流维度	0.797
TQ1	<---	教学质量维度	0.721	TC1	<---	人才培养维度	0.793
TQ2	<---	教学质量维度	0.651	TC2	<---	人才培养维度	0.876
TQ3	<---	教学质量维度	0.663	TC3	<---	人才培养维度	0.802
TQ4	<---	教学质量维度	0.796				

表 4－57　　　　　**9 年以上工作年限各指标权重确立**

一级指标	二级指标	三级指标	对应编号	因子载荷系数	三级指标相对权重	三级指标绝对权重
高校教师科研绩效评价体系	科研成果（0.587）	科研项目立项（厅级以上）在绩效考评中的重要程度	SP2	0.806	0.173	0.101
		非科研项目立项在绩效考评中的重要程度	SP3	0.655	0.140	0.082
		科研成果的转换率在绩效考评中的重要程度	SP4	0.677	0.145	0.085
		将学术论文发表的质量和数量作为绩效考核的主要依据，但并非是唯一依据	SP6	0.808	0.173	0.102
		将学术著作作为绩效考核的重要指标	SP7	0.872	0.187	0.110
		科研成果获奖是工作绩效的重要体现	SP8	0.853	0.183	0.107

续表

一级指标	二级指标	三级指标	对应编号	因子载荷系数	三级指标相对权重	三级指标绝对权重
高校教师科研绩效评价体系	教学质量（0.139）	将学生对课程的满意度评价纳入绩效考核的重要程度	TQ1	0.721	0.255	0.035
		将所授课程的教学质量（挂科率）纳入绩效考核的重要程度	TQ2	0.651	0.230	0.032
		教学课时数（每学期）在绩效考评中的重要程度	TQ3	0.663	0.234	0.033
		学生对您所授课程的教学质量评价对您的绩效考核的重要程度	TQ4	0.796	0.281	0.039
	行政满意度（0.122）	教师对行政部门的满意度纳入行政科室绩效考核的重要程度	AS1	0.613	0.356	0.043
		学生对行政部门的满意度纳入行政科室绩效考核的重要程度	AS2	1.110	0.644	0.078
	社会交流（0.084）	媒体曝光度（参加相关节目）在绩效考评中的重要程度	SI2	0.826	0.248	0.021
		您在网络平台上关于科研项目的发言在绩效考评中的重要程度	SI3	0.896	0.269	0.023
		运用新媒体进行知识分享和教学资料共享在绩效考核中的重要程度	SI4	0.807	0.243	0.020
		在非学术刊物上发表学术观点或文章在绩效考核中的重要程度	SI5	0.797	0.240	0.020
	人才培养（0.068）	所带学生的就业率在绩效考评中的重要程度	TC1	0.793	0.321	0.022
		所带学生的升学率在绩效考评中的重要程度	TC2	0.876	0.355	0.024
		所带学生的结课成绩在您的绩效考评中的重要程度	TC3	0.802	0.325	0.022

（三）工作岗位指标权重

1. 一般行政岗位指标权重

一般行政岗位指标权重设置如表 4 – 58 至表 4 – 60 所示。

表 4 – 58　　　　　　　　一般行政岗位方差解释

成分	初始特征值			提取载荷平方和			旋转载荷平方和
	总计	方差百分比	累积%	总计	方差百分比	累积%	
1	7.370	38.788	38.788	7.370	38.788	38.788	5.459
2	2.340	12.316	51.104	2.340	12.316	51.104	4.008
3	1.637	8.616	59.720	1.637	8.616	59.720	4.652
4	1.184	6.229	65.950	1.184	6.229	65.950	2.724
5	1.125	5.922	71.872	1.125	5.922	71.872	1.679

表 4 – 59　　　　　　　　一般行政岗位三级指标因子载荷

对应路径			因子载荷	对应路径			因子载荷
SP2	<---	科研成果维度	0.685	AS1	<---	行政满意度维度	0.840
SP3	<---	科研成果维度	0.669	AS2	<---	行政满意度维度	0.583
SP4	<---	科研成果维度	0.714	SI2	<---	社会交流维度	0.815
SP6	<---	科研成果维度	0.826	SI3	<---	社会交流维度	0.836
SP7	<---	科研成果维度	0.860	SI4	<---	社会交流维度	0.843
SP8	<---	科研成果维度	0.880	SI5	<---	社会交流维度	0.883
TQ1	<---	教学质量维度	0.632	TC1	<---	人才培养维度	0.563
TQ2	<---	教学质量维度	0.630	TC2	<---	人才培养维度	0.785
TQ3	<---	教学质量维度	0.634	TC3	<---	人才培养维度	0.916
TQ4	<---	教学质量维度	0.624				

表 4 – 60   一般行政岗位各指标权重确立

一级指标	二级指标	三级指标	对应编号	因子载荷系数	三级指标相对权重	三级指标绝对权重
高校教师科研绩效评价体系	科研成果（0.540）	科研项目立项（厅级以上）在绩效考评中的重要程度	SP2	0.685	0.148	0.080
		非科研项目立项在绩效考评中的重要程度	SP3	0.669	0.144	0.078
		科研成果的转换率在绩效考评中的重要程度	SP4	0.714	0.154	0.083
		将学术论文发表的质量和数量作为绩效考核的主要依据，但并非是唯一依据	SP6	0.826	0.178	0.096
		将学术著作作为绩效考核的重要指标	SP7	0.860	0.186	0.100
		科研成果获奖是工作绩效的重要体现	SP8	0.880	0.190	0.102
	教学质量（0.171）	将学生对课程的满意度评价纳入绩效考核的重要程度	TQ1	0.632	0.251	0.043
		将所授课程的教学质量（挂科率）纳入绩效考核的重要程度	TQ2	0.630	0.250	0.043
		教学课时数（每学期）在绩效考评中的重要程度	TQ3	0.634	0.252	0.043
		学生对您所授课程的教学质量评价对您的绩效考核的重要程度	TQ4	0.624	0.248	0.042
	行政满意度（0.120）	教师对行政部门的满意度纳入行政科室绩效考核的重要程度	AS1	0.840	0.590	0.071
		学生对行政部门的满意度纳入行政科室绩效考核的重要程度	AS2	0.583	0.410	0.049
	社会交流（0.087）	媒体曝光度（参加相关节目）在绩效考评中的重要程度	SI2	0.815	0.241	0.021
		您在网络平台上关于科研项目的发言在绩效考评中的重要程度	SI3	0.836	0.248	0.021

续表

一级指标	二级指标	三级指标	对应编号	因子载荷系数	三级指标相对权重	三级指标绝对权重
高校教师科研绩效评价体系	社会交流（0.087）	运用新媒体进行知识分享和教学资料共享在绩效考核中的重要程度	SI4	0.843	0.250	0.022
		在非学术刊物上发表学术观点或文章在绩效考核中的重要程度	SI5	0.883	0.261	0.023
	人才培养（0.082）	所带学生的就业率在绩效考评中的重要程度	TC1	0.563	0.249	0.020
		所带学生的升学率在绩效考评中的重要程度	TC2	0.785	0.347	0.029
		所带学生的结课成绩在您的绩效考评中的重要程度	TC3	0.916	0.405	0.033

2. 中层及以上管理人员指标权重

中层及以上管理人员指标权重设置如表4-61至表4-63所示。

表4-61 中层及以上管理人员方差解释

成分	初始特征值			提取载荷平方和			旋转载荷平方和
	总计	方差百分比	累积%	总计	方差百分比	累积%	
1	8.876	46.715	46.715	8.876	46.715	46.715	5.459
2	2.296	12.084	58.798	2.296	12.084	58.798	4.008
3	1.291	6.793	65.591	1.291	6.793	65.591	4.652
4	1.069	5.624	71.215	1.069	5.624	71.215	2.724
5	0.880	4.632	75.847	0.880	4.632	75.847	1.679

表 4 – 62 中层及以上管理人员三级指标因子载荷

对应路径			因子载荷	对应路径			因子载荷
SP2	<---	科研成果维度	0.743	AS1	<---	行政满意度维度	0.691
SP3	<---	科研成果维度	0.547	AS2	<---	行政满意度维度	0.844
SP4	<---	科研成果维度	0.430	SI2	<---	社会交流维度	0.871
SP6	<---	科研成果维度	0.908	SI3	<---	社会交流维度	0.936
SP7	<---	科研成果维度	0.971	SI4	<---	社会交流维度	0.775
SP8	<---	科研成果维度	0.887	SI5	<---	社会交流维度	0.766
TQ1	<---	教学质量维度	0.615	TC1	<---	人才培养维度	0.822
TQ2	<---	教学质量维度	0.753	TC2	<---	人才培养维度	0.935
TQ3	<---	教学质量维度	0.674	TC3	<---	人才培养维度	0.713
TQ4	<---	教学质量维度	0.729				

表 4 – 63 中层及以上管理人员各指标权重确立

一级指标	二级指标	三级指标	对应编号	因子载荷系数	三级指标相对权重	三级指标绝对权重
高校教师科研绩效评价体系	科研成果（0.616）	科研项目立项（厅级以上）在绩效考评中的重要程度	SP2	0.743	0.166	0.102
		非科研项目立项在绩效考评中的重要程度	SP3	0.547	0.122	0.075
		科研成果的转换率在绩效考评中的重要程度	SP4	0.430	0.096	0.059
		将学术论文发表的质量和数量作为绩效考核的主要依据，但并非是唯一依据	SP6	0.908	0.202	0.125
		将学术著作作为绩效考核的重要指标	SP7	0.971	0.216	0.034
		科研成果获奖是工作绩效的重要体现	SP8	0.887	0.198	0.122

续表

一级指标	二级指标	三级指标	对应编号	因子载荷系数	三级指标相对权重	三级指标绝对权重
高校教师科研绩效评价体系	教学质量（0.159）	将学生对课程的满意度评价纳入绩效考核的重要程度	TQ1	0.615	0.222	0.035
		将所授课程的教学质量（挂科率）纳入绩效考核的重要程度	TQ2	0.753	0.272	0.043
		教学课时数（每学期）在绩效考评中的重要程度	TQ3	0.674	0.243	0.039
		学生对您所授课程的教学质量评价对您的绩效考核的重要程度	TQ4	0.729	0.263	0.042
	行政满意度（0.090）	教师对行政部门的满意度纳入行政科室绩效考核的重要程度	AS1	0.691	0.450	0.040
		学生对行政部门的满意度纳入行政科室绩效考核的重要程度	AS2	0.844	0.550	0.049
	社会交流（0.074）	媒体曝光度（参加相关节目）在绩效考评中的重要程度	SI2	0.871	0.260	0.019
		您在网络平台上关于科研项目的发言在绩效考评中的重要程度	SI3	0.936	0.280	0.021
		运用新媒体进行知识分享和教学资料共享在绩效考核中的重要程度	SI4	0.775	0.231	0.017
		在非学术刊物上发表学术观点或文章在绩效考核中的重要程度	SI5	0.766	0.229	0.017
	人才培养（0.061）	所带学生的就业率在绩效考评中的重要程度	TC1	0.822	0.333	0.020
		所带学生的升学率在绩效考评中的重要程度	TC2	0.935	0.379	0.023
		所带学生的结课成绩在您的绩效考评中的重要程度	TC3	0.713	0.289	0.018

3. 辅导员实验岗指标权重

辅导员实验岗指标权重设置如表4－64至表4－66所示。

表4－64　　　　　　　　　　辅导员实验岗方差解释

成分	初始特征值			提取载荷平方和			旋转载荷平方和
	总计	方差百分比	累积%	总计	方差百分比	累积%	
1	8.384	44.126	44.126	8.384	44.126	44.126	5.871
2	2.506	13.189	57.315	2.506	13.189	57.315	2.801
3	1.988	10.465	67.779	1.988	10.465	67.779	5.758
4	1.155	6.079	73.859	1.155	6.079	73.859	4.752
5	1.058	5.570	79.429	1.058	5.570	79.429	2.190

表4－65　　　　　　　　　　辅导员实验岗三级指标因子载荷

对应路径			因子载荷	对应路径			因子载荷
SP2	<---	科研成果维度	0.873	AS1	<---	行政满意度维度	0.823
SP3	<---	科研成果维度	0.707	AS2	<---	行政满意度维度	0.744
SP4	<---	科研成果维度	0.773	SI2	<---	社会交流维度	0.930
SP6	<---	科研成果维度	0.911	SI3	<---	社会交流维度	0.904
SP7	<---	科研成果维度	0.869	SI4	<---	社会交流维度	0.937
SP8	<---	科研成果维度	0.877	SI5	<---	社会交流维度	0.787
TQ1	<---	教学质量维度	0.490	TC1	<---	人才培养维度	0.829
TQ2	<---	教学质量维度	0.700	TC2	<---	人才培养维度	0.588
TQ3	<---	教学质量维度	0.661	TC3	<---	人才培养维度	0.843
TQ4	<---	教学质量维度	0.661				

表 4-66　　　　　　　　　　　　辅导员实验岗各指标权重确立

一级指标	二级指标	三级指标	对应编号	因子载荷系数	三级指标相对权重	三级指标绝对权重
高校教师科研绩效评价体系	科研成果（0.616）	科研项目立项（厅级以上）在绩效考评中的重要程度	SP2	0.873	0.174	0.097
		非科研项目立项在绩效考评中的重要程度	SP3	0.707	0.141	0.078
		科研成果的转换率在绩效考评中的重要程度	SP4	0.773	0.154	0.086
		将学术论文发表的质量和数量作为绩效考核的主要依据，但并非是唯一依据	SP6	0.911	0.182	0.101
		将学术著作作为绩效考核的重要指标	SP7	0.869	0.173	0.096
		科研成果获奖是工作绩效的重要体现	SP8	0.877	0.175	0.097
	教学质量（0.159）	将学生对课程的满意度评价纳入绩效考核的重要程度	TQ1	0.490	0.195	0.032
		将所授课程的教学质量（挂科率）纳入绩效考核的重要程度	TQ2	0.700	0.279	0.046
		教学课时数（每学期）在绩效考评中的重要程度	TQ3	0.661	0.263	0.044
		学生对您所授课程的教学质量评价对您的绩效考核的重要程度	TQ4	0.661	0.263	0.044
	行政满意度（0.090）	教师对行政部门的满意度纳入行政科室绩效考核的重要程度	AS1	0.823	0.525	0.069
		学生对行政部门的满意度纳入行政科室绩效考核的重要程度	AS2	0.744	0.475	0.063
	社会交流（0.074）	媒体曝光度（参加相关节目）在绩效考评中的重要程度	SI2	0.930	0.261	0.020
		您在网络平台上关于科研项目的发言在绩效考评中的重要程度	SI3	0.904	0.254	0.019

一级指标	二级指标	三级指标	对应编号	因子载荷系数	三级指标相对权重	三级指标绝对权重
高校教师科研绩效评价体系	社会交流（0.074）	运用新媒体进行知识分享和教学资料共享在绩效考核中的重要程度	SI4	0.937	0.263	0.020
		在非学术刊物上发表学术观点或文章在绩效考核中的重要程度	SI5	0.787	0.221	0.017
	人才培养（0.061）	所带学生的就业率在绩效考评中的重要程度	TC1	0.829	0.367	0.026
		所带学生的升学率在绩效考评中的重要程度	TC2	0.588	0.260	0.018
		所带学生的结课成绩在您的绩效考评中的重要程度	TC3	0.843	0.373	0.026

4. 专业技术人员指标权重

专业技术人员指标权重设置如表 4 - 67 至表 4 - 69 所示。

表 4 - 67　　　　　　　　专业技术人员方差解释

成分	初始特征值			提取载荷平方和			旋转载荷平方和
	总计	方差百分比	累积%	总计	方差百分比	累积%	
1	8.384	44.126	44.126	8.384	44.126	44.126	5.871
2	2.506	13.189	57.315	2.506	13.189	57.315	2.801
3	1.988	10.465	67.779	1.988	10.465	67.779	5.758
4	1.155	6.079	73.859	1.155	6.079	73.859	4.752
5	1.058	5.570	79.429	1.058	5.570	79.429	2.190

表 4 - 68　　　　　　　　专业技术人员三级指标因子载荷

对应路径			因子载荷	对应路径			因子载荷
SP2	<---	科研成果维度	0.785	AS1	<---	行政满意度维度	0.692
SP3	<---	科研成果维度	0.698	AS2	<---	行政满意度维度	1.135
SP4	<---	科研成果维度	0.695	SI2	<---	社会交流维度	0.884
SP6	<---	科研成果维度	0.807	SI3	<---	社会交流维度	0.936
SP7	<---	科研成果维度	0.847	SI4	<---	社会交流维度	0.823
SP8	<---	科研成果维度	0.849	SI5	<---	社会交流维度	0.829
TQ1	<---	教学质量维度	0.751	TC1	<---	人才培养维度	0.834
TQ2	<---	教学质量维度	0.600	TC2	<---	人才培养维度	0.879
TQ3	<---	教学质量维度	0.657	TC3	<---	人才培养维度	0.786
TQ4	<---	教学质量维度	0.843				

表 4 - 69　　　　　　　　专业技术人员个指标权重确立

一级指标	二级指标	三级指标	对应编号	因子载荷系数	三级指标相对权重	三级指标绝对权重
高校教师科研绩效评价体系	科研成果（0.616）	科研项目立项（厅级以上）在绩效考评中的重要程度	SP2	0.785	0.168	0.098
		非科研项目立项在绩效考评中的重要程度	SP3	0.698	0.149	0.087
		科研成果的转换率在绩效考评中的重要程度	SP4	0.695	0.148	0.087
		将学术论文发表的质量和数量作为绩效考核的主要依据，但并非是唯一依据	SP6	0.807	0.172	0.101
		将学术著作作为绩效考核的重要指标	SP7	0.847	0.181	0.106
		科研成果获奖是工作绩效的重要体现	SP8	0.849	0.181	0.106

续表

一级指标	二级指标	三级指标	对应编号	因子载荷系数	三级指标相对权重	三级指标绝对权重
高校教师科研绩效评价体系	教学质量（0.159）	将学生对课程的满意度评价纳入绩效考核的重要程度	TQ1	0.751	0.263	0.035
		将所授课程的教学质量（挂科率）纳入绩效考核的重要程度	TQ2	0.600	0.210	0.028
		教学课时数（每学期）在绩效考评中的重要程度	TQ3	0.657	0.230	0.031
		学生对您所授课程的教学质量评价对您的绩效考核的重要程度	TQ4	0.843	0.296	0.039
	行政满意度（0.090）	教师对行政部门的满意度纳入行政科室绩效考核的重要程度	AS1	0.692	0.379	0.044
		学生对行政部门的满意度纳入行政科室绩效考核的重要程度	AS2	1.135	0.621	0.073
	社会交流（0.074）	媒体曝光度（参加相关节目）在绩效考评中的重要程度	SI2	0.884	0.255	0.025
		您在网络平台上关于科研项目的发言在绩效考评中的重要程度	SI3	0.936	0.270	0.027
		运用新媒体进行知识分享和教学资料共享在绩效考核中的重要程度	SI4	0.823	0.237	0.023
		在非学术刊物上发表学术观点或文章在绩效考核中的重要程度	SI5	0.829	0.239	0.024
	人才培养（0.061）	所带学生的就业率在绩效考评中的重要程度	TC1	0.834	0.334	0.022
		所带学生的升学率在绩效考评中的重要程度	TC2	0.879	0.352	0.023
		所带学生的结课成绩在您的绩效考评中的重要程度	TC3	0.786	0.315	0.021

（四）职称指标权重

1. 初级职称指标权重

初级职称指标权重设置如表4-70至表4-72所示。

表4-70　　　　　　　初级职称方差解释

成分	初始特征值			提取载荷平方和			旋转载荷平方和
	总计	方差百分比	累积%	总计	方差百分比	累积%	
1	8.885	46.764	46.764	8.885	46.764	46.764	6.418
2	1.980	10.421	57.185	1.980	10.421	57.185	3.458
3	1.699	8.943	66.128	1.699	8.943	66.128	6.078
4	1.243	6.543	72.670	1.243	6.543	72.670	3.103
5	0.874	4.602	77.273	0.874	4.602	77.273	5.433

表4-71　　　　　　　初级职称三级指标因子载荷

对应路径			因子载荷	对应路径			因子载荷
SP2	<---	科研成果维度	0.801	AS1	<---	行政满意度维度	0.878
SP3	<---	科研成果维度	0.738	AS2	<---	行政满意度维度	0.855
SP4	<---	科研成果维度	0.746	SI2	<---	社会交流维度	0.911
SP6	<---	科研成果维度	0.855	SI3	<---	社会交流维度	0.923
SP7	<---	科研成果维度	0.881	SI4	<---	社会交流维度	0.830
SP8	<---	科研成果维度	0.882	SI5	<---	社会交流维度	0.822
TQ1	<---	教学质量维度	0.720	TC1	<---	人才培养维度	0.827
TQ2	<---	教学质量维度	0.728	TC2	<---	人才培养维度	0.873
TQ3	<---	教学质量维度	0.653	TC3	<---	人才培养维度	0.825
TQ4	<---	教学质量维度	0.736				

表 4 - 72　　　　　　　　　　　　**初级职称各指标权重确立**

一级指标	二级指标	三级指标	对应编号	因子载荷系数	三级指标相对权重	三级指标绝对权重
高校教师科研绩效评价体系	科研成果 (0.605)	科研项目立项（厅级以上）在绩效考评中的重要程度	SP2	0.801	0.163	0.099
		非科研项目立项在绩效考评中的重要程度	SP3	0.738	0.151	0.091
		科研成果的转换率在绩效考评中的重要程度	SP4	0.746	0.152	0.092
		将学术论文发表的质量和数量作为绩效考核的主要依据，但并非是唯一依据	SP6	0.855	0.174	0.106
		将学术著作作为绩效考核的重要指标	SP7	0.881	0.180	0.109
		科研成果获奖是工作绩效的重要体现	SP8	0.882	0.180	0.109
	教学质量 (0.135)	将学生对课程的满意度评价纳入绩效考核的重要程度	TQ1	0.720	0.254	0.034
		将所授课程的教学质量（挂科率）纳入绩效考核的重要程度	TQ2	0.728	0.257	0.035
		教学课时数（每学期）在绩效考评中的重要程度	TQ3	0.653	0.230	0.031
		学生对您所授课程的教学质量评价对您的绩效考核的重要程度	TQ4	0.736	0.259	0.035
	行政满意度 (0.116)	教师对行政部门的满意度纳入行政科室绩效考核的重要程度	AS1	0.878	0.507	0.059
		学生对行政部门的满意度纳入行政科室绩效考核的重要程度	AS2	0.855	0.493	0.057
	社会交流 (0.085)	媒体曝光度（参加相关节目）在绩效考评中的重要程度	SI2	0.911	0.261	0.022
		您在网络平台上关于科研项目的发言在绩效考评中的重要程度	SI3	0.923	0.265	0.022

一级指标	二级指标	三级指标	对应编号	因子载荷系数	三级指标相对权重	三级指标绝对权重
高校教师科研绩效评价体系	科研成果（0.605）	运用新媒体进行知识分享和教学资料共享在绩效考核中的重要程度	SI4	0.830	0.238	0.020
		在非学术刊物上发表学术观点或文章在绩效考核中的重要程度	SI5	0.822	0.236	0.020
	人才培养（0.060）	所带学生的就业率在绩效考评中的重要程度	TC1	0.827	0.328	0.020
		所带学生的升学率在绩效考评中的重要程度	TC2	0.873	0.346	0.021
		所带学生的结课成绩在您的绩效考评中的重要程度	TC3	0.825	0.327	0.019

2. 中级职称指标权重

中级职称指标权重设置如表 4 - 73 至表 4 - 75 所示。

表 4 - 73　　　　　　　　中级职称方差解释

成分	初始特征值			提取载荷平方和			旋转载荷平方和
	总计	方差百分比	累积%	总计	方差百分比	累积%	
1	8.075	42.499	42.499	8.075	42.499	42.499	6.033
2	1.769	9.311	51.810	1.769	9.311	51.810	4.633
3	1.480	7.788	59.598	1.480	7.788	59.598	5.698
4	1.406	7.400	66.999	1.406	7.400	66.999	2.857
5	1.056	5.559	72.558	1.056	5.559	72.558	3.417

表 4 - 74   **中级职称三级指标因子载荷**

对应路径			因子载荷	对应路径			因子载荷
SP2	<---	科研成果维度	0.698	AS1	<---	行政满意度维度	0.808
SP3	<---	科研成果维度	0.663	AS2	<---	行政满意度维度	0.886
SP4	<---	科研成果维度	0.664	SI2	<---	社会交流维度	0.851
SP6	<---	科研成果维度	0.808	SI3	<---	社会交流维度	0.926
SP7	<---	科研成果维度	0.895	SI4	<---	社会交流维度	0.818
SP8	<---	科研成果维度	0.864	SI5	<---	社会交流维度	0.855
TQ1	<---	教学质量维度	0.607	TC1	<---	人才培养维度	0.822
TQ2	<---	教学质量维度	0.580	TC2	<---	人才培养维度	0.803
TQ3	<---	教学质量维度	0.620	TC3	<---	人才培养维度	0.785
TQ4	<---	教学质量维度	0.764				

表 4 - 75   **中级职称各指标权重确立**

一级指标	二级指标	三级指标	对应编号	因子载荷系数	三级指标相对权重	三级指标绝对权重
高校教师科研绩效评价体系	科研成果 (0.586)	科研项目立项（厅级以上）在绩效考评中的重要程度	SP2	0.698	0.152	0.089
		非科研项目立项在绩效考评中的重要程度	SP3	0.663	0.144	0.085
		科研成果的转换率在绩效考评中的重要程度	SP4	0.664	0.145	0.085
		将学术论文发表的质量和数量作为绩效考核的主要依据，但并非是唯一依据	SP6	0.808	0.176	0.103
		将学术著作作为绩效考核的重要指标	SP7	0.895	0.195	0.114
		科研成果获奖是工作绩效的重要体现	SP8	0.864	0.188	0.110

一级指标	二级指标	三级指标	对应编号	因子载荷系数	三级指标相对权重	三级指标绝对权重
高校教师科研绩效评价体系	教学质量（0.128）	将学生对课程的满意度评价纳入绩效考核的重要程度	TQ1	0.607	0.236	0.030
		将所授课程的教学质量（挂科率）纳入绩效考核的重要程度	TQ2	0.580	0.226	0.029
		教学课时数（每学期）在绩效考评中的重要程度	TQ3	0.620	0.241	0.031
		学生对您所授课程的教学质量评价对您的绩效考核的重要程度	TQ4	0.764	0.297	0.038
	行政满意度（0.107）	教师对行政部门的满意度纳入行政科室绩效考核的重要程度	AS1	0.808	0.477	0.051
		学生对行政部门的满意度纳入行政科室绩效考核的重要程度	AS2	0.886	0.523	0.056
	社会交流（0.102）	媒体曝光度（参加相关节目）在绩效考评中的重要程度	SI2	0.851	0.247	0.025
		您在网络平台上关于科研项目的发言在绩效考评中的重要程度	SI3	0.926	0.268	0.027
		运用新媒体进行知识分享和教学资料共享在绩效考核中的重要程度	SI4	0.818	0.237	0.024
		在非学术刊物上发表学术观点或文章在绩效考核中的重要程度	SI5	0.855	0.248	0.025
	人才培养（0.077）	所带学生的就业率在绩效考评中的重要程度	TC1	0.822	0.341	0.026
		所带学生的升学率在绩效考评中的重要程度	TC2	0.803	0.333	0.026
		所带学生的结课成绩在您的绩效考评中的重要程度	TC3	0.785	0.326	0.025

3. 副高级职称指标权重

副高级职称指标权重设置如表 4 - 76 至表 4 - 78 所示。

表 4 - 76   副高级职称方差解释

成分	初始特征值			提取载荷平方和			旋转载荷平方和
	总计	方差百分比	累积%	总计	方差百分比	累积%	
1	7. 283	38. 329	38. 329	7. 283	38. 329	38. 329	4. 984
2	2. 535	13. 342	51. 671	2. 535	13. 342	51. 671	4. 043
3	1. 909	10. 047	61. 718	1. 909	10. 047	61. 718	2. 048
4	1. 179	6. 203	67. 921	1. 179	6. 203	67. 921	5. 312
5	0. 988	5. 200	73. 121	0. 988	5. 200	73. 121	3. 184

表 4 - 77   副高级职称三级指标因子载荷

	对应路径		因子载荷		对应路径		因子载荷
SP2	<---	科研成果维度	0.698	AS1	<---	行政满意度维度	0.808
SP3	<---	科研成果维度	0.663	AS2	<---	行政满意度维度	0.886
SP4	<---	科研成果维度	0.664	SI2	<---	社会交流维度	0.851
SP6	<---	科研成果维度	0.808	SI3	<---	社会交流维度	0.926
SP7	<---	科研成果维度	0.895	SI4	<---	社会交流维度	0.818
SP8	<---	科研成果维度	0.864	SI5	<---	社会交流维度	0.855
TQ1	<---	教学质量维度	0.607	TC1	<---	人才培养维度	0.822
TQ2	<---	教学质量维度	0.580	TC2	<---	人才培养维度	0.803
TQ3	<---	教学质量维度	0.620	TC3	<---	人才培养维度	0.785
TQ4	<---	教学质量维度	0.764				

表 4 - 78　　　　　　　　副高级职称各指标权重确立

一级指标	二级指标	三级指标	对应编号	因子载荷系数	三级指标相对权重	三级指标绝对权重
高校教师科研绩效评价体系	科研成果（0.524）	科研项目立项（厅级以上）在绩效考评中的重要程度	SP2	0.698	0.152	0.080
		非科研项目立项在绩效考评中的重要程度	SP3	0.663	0.144	0.076
		科研成果的转换率在绩效考评中的重要程度	SP4	0.664	0.145	0.076
		将学术论文发表的质量和数量作为绩效考核的主要依据，但并非是唯一依据	SP6	0.808	0.176	0.092
		将学术著作作为绩效考核的重要指标	SP7	0.895	0.195	0.102
		科研成果获奖是工作绩效的重要体现	SP8	0.864	0.188	0.099
	教学质量（0.182）	将学生对课程的满意度评价纳入绩效考核的重要程度	TQ1	0.607	0.236	0.043
		将所授课程的教学质量（挂科率）纳入绩效考核的重要程度	TQ2	0.580	0.226	0.041
		教学课时数（每学期）在绩效考评中的重要程度	TQ3	0.620	0.241	0.044
		学生对您所授课程的教学质量评价对您的绩效考核的重要程度	TQ4	0.764	0.297	0.054
	行政满意度（0.137）	教师对行政部门的满意度纳入行政科室绩效考核的重要程度	AS1	0.808	0.477	0.066
		学生对行政部门的满意度纳入行政科室绩效考核的重要程度	AS2	0.886	0.523	0.072
	社会交流（0.085）	媒体曝光度（参加相关节目）在绩效考评中的重要程度	SI2	0.851	0.247	0.021
		您在网络平台上关于科研项目的发言在绩效考评中的重要程度	SI3	0.926	0.268	0.023

一级指标	二级指标	三级指标	对应编号	因子载荷系数	三级指标相对权重	三级指标绝对权重
高校教师科研绩效评价体系	社会交流（0.085）	运用新媒体进行知识分享和教学资料共享在绩效考核中的重要程度	SI4	0.818	0.237	0.020
		在非学术刊物上发表学术观点或文章在绩效考核中的重要程度	SI5	0.855	0.248	0.021
	人才培养（0.071）	所带学生的就业率在绩效考评中的重要程度	TC1	0.822	0.341	0.024
		所带学生的升学率在绩效考评中的重要程度	TC2	0.803	0.333	0.024
		所带学生的结课成绩在您的绩效考评中的重要程度	TC3	0.785	0.326	0.023

4. 正高级职称指标权重

正高级职称指标权重设置如表 4－79 至表 4－82 所示。

表 4－79　　　　　　　正高级职称方差解释

成分	初始特征值			提取载荷平方和			旋转载荷平方和
	总计	方差百分比	累积%	总计	方差百分比	累积%	
1	10.659	56.099	56.099	10.659	56.099	56.099	7.468
2	1.780	9.371	65.470	1.780	9.371	65.470	5.520
3	1.324	6.968	72.437	1.324	6.968	72.437	7.865
4	1.222	6.432	78.869	1.222	6.432	78.869	5.514
5	0.934	4.917	83.786	0.934	4.917	83.786	1.327

表4－80　　　　　　　　　　正高级职称三级指标因子载荷

对应路径		因子载荷	对应路径		因子载荷
SP2	<--- 科研成果维度	0.892	SI2	<--- 社会交流维度	0.916
SP3	<--- 科研成果维度	0.684	SI3	<--- 社会交流维度	0.947
SP4	<--- 科研成果维度	0.816	SI4	<--- 社会交流维度	0.930
SP6	<--- 科研成果维度	0.869	SI5	<--- 社会交流维度	0.934
SP7	<--- 科研成果维度	0.943	TC1	<--- 人才培养维度	0.788
SP8	<--- 科研成果维度	0.922	TC2	<--- 人才培养维度	0.799
TQ1	<--- 教学质量维度	0.813	TC3	<--- 人才培养维度	0.917
TQ2	<--- 教学质量维度	0.650			
TQ3	<--- 教学质量维度	0.783			
TQ4	<--- 教学质量维度	0.833			

表4－81　　　　　　　　　　修正模型后的路径分析

路径	Estimate	S. E.	C. R.	P	路径	Estimate	S. E.	C. R.	P
AS1	1				SI2	1.008	0.097	10.346	***
AS2	22.285	26.222	0.85	0.395	SI3	1.043	0.088	11.828	***
TC1	0.946	0.164	5.782	***	SI4	1.069	0.098	10.894	***
TC2	0.949	0.169	5.631	***	SI5	1			
TC3	1				SP2	1			
TQ1	1				SP3	0.728	0.142	5.13	***
TQ2	0.943	0.223	4.238	***	SP4	0.871	0.125	6.95	***
TQ3	0.87	0.165	5.285	***	SP6	0.993	0.125	7.935	***
TQ4	1.04	0.174	5.984	***	SP7	1.036	0.107	9.722	***
					SP8	1.01	0.11	9.17	***

　　在对正高级职称数据进行因子分析时，发现行政满意度维度中"学生对行政部门的满意度纳入行政科室绩效考核的重要程度"这一指标在路径中不显著，因此，在正高级职称中，仅"教师对行政部门的满意度

纳入行政科室绩效考核的重要程度"这一指标代表行政满意度。检验结果如表 4 – 82 所示。

表 4 – 82   正高级职称各指标权重确立

一级指标	二级指标	三级指标	对应编号	因子载荷系数	三级指标相对权重	三级指标绝对权重
高校教师科研绩效评价体系	科研成果（0.524）	科研项目立项（厅级以上）在绩效考评中的重要程度	SP2	0.892	0.174	0.117
		非科研项目立项在绩效考评中的重要程度	SP3	0.684	0.133	0.089
		科研成果的转换率在绩效考评中的重要程度	SP4	0.816	0.159	0.107
		将学术论文发表的质量和数量作为绩效考核的主要依据，但并非是唯一依据	SP6	0.869	0.170	0.114
		将学术著作作为绩效考核的重要指标	SP7	0.943	0.184	0.123
		科研成果获奖是工作绩效的重要体现	SP8	0.922	0.180	0.120
	教学质量（0.182）	将学生对课程的满意度评价纳入绩效考核的重要程度	TQ1	0.813	0.264	0.030
		将所授课程的教学质量（挂科率）纳入绩效考核的重要程度	TQ2	0.650	0.211	0.024
		教学课时数（每学期）在绩效考评中的重要程度	TQ3	0.783	0.254	0.028
		学生对您所授课程的教学质量评价对您的绩效考核重要程度	TQ4	0.833	0.271	0.030
	行政满意度（0.137）	教师对行政部门的满意度纳入行政科室绩效考核的重要程度	AS1		1.000	0.083
		学生对行政部门的满意度纳入行政科室绩效考核的重要程度	AS2			

续表

一级指标	二级指标	三级指标	对应编号	因子载荷系数	三级指标相对权重	三级指标绝对权重
高校教师科研绩效评价体系	社会交流（0.085）	媒体曝光度（参加相关节目）在绩效考评中的重要程度	SI2	0.916	0.246	0.019
		您在网络平台上关于科研项目的发言在绩效考评中的重要程度	SI3	0.947	0.254	0.020
		运用新媒体进行知识分享和教学资料共享在绩效考核中的重要程度	SI4	0.930	0.250	0.019
		在非学术刊物上发表学术观点或文章在绩效考核中的重要程度	SI5	0.934	0.251	0.019
	人才培养（0.071）	所带学生的就业率在绩效考评中的重要程度	TC1	0.788	0.315	0.018
		所带学生的升学率在绩效考评中的重要程度	TC2	0.799	0.319	0.019
		所带学生的结课成绩在您的绩效考评中的重要程度	TC3	0.917	0.366	0.021

第五章
结论与政策建议

第一节 结 论

科研事业单位实施绩效考核是依据既定的标准，对工作绩效进行评估测量，重点是考核职工的工作表现、工作业绩和能力水平、社会影响等，以此全方位地获得职工在一个阶段内工作的综合情况，作出客观的鉴定和评价，并作为职务职称晋级、薪酬待遇调整、表彰奖励等的重要依据。本研究通过收集贵州省属高校的评价数据，进行实证分析，形成共 5 个评价维度的贵州省属科研事业单位的评价体系并确定了评价体系各指标及维度的权重，能够科学、全面、客观反映贵州省属高校教师的工作过程及结果，为贵州省属高校发展及评价提供一定的建议，具有一定的参考价值。高校实施科学有效的绩效考核的目的，是为了制定科学合理的绩效目标，建立完善的绩效评价体系，提高高校领导对绩效评价的重视程度和科研人员的参与意识，为地区科研事业发展乃至社会发展提供动力。本书在此目标下，吸收前人成果，考虑多方因素，研究了贵州省属高校实施绩效考核的指标体系和评测方法，具体研究结论如下：

基于贵州高校教师绩效考核的现状、存在的问题及贵州省属科研事业单位的类别以及管理人员和教师等科研人员的工作特点，建立了适应贵州省属高校教师的绩效考核指标体系，并确定了权重。贵州省属高校教师绩效评价为一级指标，一级指标下设科研成果、教学质量、行政满意度、社会交流和人才培养5项二级指标，每个二级指标对应的若干题项则是三级指标。

将高校作为整体进行分析，5项二级绩效评价指标权重分别为0.591、0.137、0.112、0.095和0.065；在区分教师学历等特征进行分析的过程中，本科学历的5项二级绩效评价指标权重分别为0.643、0.123、0.091、0.081和0.062；硕士学历的5项二级绩效评价指标权重分别为0.522、0.164、0.120、0.117和0.077；博士学历的5项二级绩效评价指标权重分别为0.569、0.165、0.119、0.091和0.056。3年以下工作年限的5项二级绩效评价指标权重分别为0.472、0.199、0.144、0.113和0.071；4～6年工作年限的5项二级绩效评价指标权重分别为0.547、0.155、0.135、0.097和0.066；7～9年工作年限的5项二级绩效评价指标权重分别为0.547、0.155、0.135、0.097和0.066；9年以上工作年限的5项二级绩效评价指标权重分别为0.587、0.139、0.122、0.084和0.068。一般行政岗位的5项二级绩效评价指标权重分别为0.540、0.171、0.120、0.087和0.082；中层及以上管理人员的5项二级绩效评价指标权重分别为0.616、0.159、0.090、0.074和0.061；辅导员实验岗的5项二级绩效评价指标权重分别为0.616、0.159、0.090、0.074和0.061；专业技术人员的5项二级绩效评价指标权重分别为0.616、0.159、0.090、0.074和0.061。初级职称的5项二级绩效评价指标权重分别为0.605、0.135、0.116、0.085和0.060；中级职称的5项二级绩效评价指标权重分别为0.586、0.128、0.107、0.102和0.077；副高级职称的5项二级绩效评价指标权重分别为0.524、0.182、0.137、0.085和0.071；正高级职称的5项二级绩效评价指标权重分别为0.524、0.182、0.137、0.085和0.071。

第二节　政策建议

科研型事业单位的职能属性决定了其绩效考核不能单纯地以经济利益为目的，而是要充分挖掘教师的创新潜力、提高教师综合素质和业务能力。因此，考核中必须坚持四个原则，即结合战略、动态变化、科学全面、反馈应用。绩效考核方案要与高校总体战略保持一致，即绩效考核要以更好地服务于科学研究、提升专业技术人员科研能力为根本目的。绩效考核体系不是一成不变的，应随着单位发展和总体战略需求进行动态调整，特别是绩效方案中涉及专业技术人员能力与业绩评价的有关指标要随着科学研究变化和发展进行相应调整。考核方案应全面科学，考核指标和方法要适用实用，指标权重要科学、明确，同时，信息来源全面，只有这样才能保证绩效考核公正不偏。考核体系应建立绩效反馈制度，并将考核结果与绩效工资、专业技术岗位竞聘以及培训机会挂钩，只有这样才能实现对高校教师的激励效用，促使教师团队自觉提升自身素质，积极助推科研事业发展。

一、政府层面

（一）成立独立的绩效考核部门

在高校人事部工作的基础上，挑选并培养适合从事绩效管理的人员，建立专业的绩效管理机制。部门负责制定绩效目标、审核绩效管理方案、分析科研单位的绩效管理环并制定科学的考核标准、对绩效考核结果进行分析和反馈，帮助提升单位人力资源工作的质量。

（二）建立反馈机制

科学的绩效管理工作必须建立反馈机制，绩效反馈机制不仅仅是针对绩效考评结果的反馈，还是对绩效管理目标、绩效管理细则、实施和系统等方面进行全方位的沟通与反馈。一则，加强与员工的沟通意见使员工参与意愿有效提高。二则，有效的沟通可以及时发现并解决问题，营造良好的工作氛围。

（三）建立监督机制

监督工作可以使高校的绩效管理工作更好更快地落实在科研工作当中，所以建立严格的绩效管理监督机制是非常必要的。能确保科研事业单位绩效管理工作的客观公正性，对员工起到激励作用。如果没有严格的监督机制绩效管理工作容易出现很多漏洞，使得绩效管理工作效果不理想。科研事业单位应通过绩效监督避免绩效考核评估人员工作中出现差错。

（四）明确考核目的

高校在我国科研事业发展过程中取得了较为显著的成效，直接关系到我国政府科技研究工作的未来发展方向。因此，相关部门应进一步确定高校教师的绩效考核目标，绩效考核工作的内容调整与落实直接关系绩效考核工作能否顺利落实。高校教师绩效考核的主要任务是从根本上提升绩效考核管理工作的质量，科学分配好薪资报酬，进一步提升科研事业单位工作人员的活动组织能力，挖掘工作人员的工作潜能，最终提升高校的综合效益。

（五）建立等级制考核

明确科研事业单位的考核等级才能有效提升绩效考核工作质量，考核等级应该结合不同岗位、不同类型进行确定，从根本上提升绩效考核管理的工作质量，并进一步提升绩效考核管理人员的业务水平，加强管理工作力度，从根本上体现出绩效考核工作的作用。

（六）建立科研业绩为导向的考核制度

从科研业绩的角度考虑，科研业绩是考核一所高校运行情况的最基本的指标，它也能反映出一所单位，在一定的期限之内取得了怎样的研究成果，在绩效评价体系当中，它有着十分重要的作用。对科研业绩的考评，具体要从以下几个方面着手：第一，科研经费的增加率。正式进入科研活动的时候是需要经费支撑的，稳定的资金链条能保证科研活动的顺利开展。通常在正式的研究活动开始之前，有关部门会下拨固定的经费，以此来支持专业的技术人员，取得研究成果。如果能在预期经费的范围之内，完成国家下达的科研任务，那么最后的绩效评价结果会是事业单位所满意的。而活动经费超标势必会给国家造成经济负担，因此科研经费的增加率是绩效评价的重要指标。第二，科研成果的获奖率。为了造福人类，让人们的生活更加便捷，科研事业单位一般都有明确的成果要求。通过专业技术人员的努力，更多的科研成果得到诞生的机会，为了将优秀的成果进行推广，有关部门往往会对这些成果进行展评，在经过一系列的展评程序之后，会选取最优的作品，并且为其颁发专业奖项。对于科研事业单位来说，绩效评价指标当中，就应以科研成果的获奖率作为重要的评价参照。

从财务的角度考虑，财务也是事业单位绩效评价的一个重要指标，财务涉及单位的根本利益，同样也影响到有关部门对单位的评价。因此在进行评价活动的时候，科研事业单位的财务情况也会被纳入考核范围之内。为了顺利完成评价任务，事业单位在财务方面，需要注意以下几个问题：第一，财务工作要做到细致明了。科研事业单位因为其工作的特殊性，必须要跟财务挂钩，在财务、账目不够清楚的情况下，是会直接影响其绩效评价。要想获得更高的发展平台，高校等事业单位在财务方面，就一定要做到细致明了，让每一笔账单的去向都能更加清楚。第二，投入产出率也是考核的重点。科研事业单位是一个讲求产量的地方，通过专业技术人员的努力，生产出具有推广价值的产品，或者可以造福人类的研究成果。在这个过程中，就会涉及投入产出率，在正式取得研究成果之后，需要计算投入与产出的比例，将这个比例进行科学的比对，就可以了解到该科研单位投入产出率是否合理，是否造成了资源的浪费。在进行绩效评价的时候，需要对这个要点进行仔细的考核。

二、单位层面

（一）加强预算绩效管理

提高对预算绩效管理的重视，提高预算编制的工作质量，规避主观想法，针对客观数据制定预算编制。尽量减少资金浪费的现象，严格执行预算编制的计划内容，领导层加强对预算绩效管理工作的执行，在实践中强化绩效意识，并不断创新，针对工作中的困难采取相应对策，推进科研事业单位绩效管理工作的效果。

（二）完善绩效管理指标体系

绩效考核指标是绩效考核管理、实现绩效管理目标的基本保证。建立科学的绩效考核指标体系，就要以单位的发展目标为基准，针对单位各个部门不同的岗位和工作任务进行分解来划分制定考核标准。绩效考核标准要具备全面性、客观性，尽可能全面地体现员工在工作当中的真实工作状态和对科研事业的贡献。本着公平、公正、公开的原则，对科研事业单位全体员工公开透明考核过程、方法、标准和结果等绩效考核管理的信息，并编制科研事业单位各部门岗位职责条例，明确界定部门工作职责、内容、权限和范围等，为绩效考核标准提供依据。增加绩效考核次数，将绩效考核分为月、季、年，发挥绩效管理在科研人员的日常工作中提升效率的作用。部门与个人的绩效考核可以更直接地反映人力资源工作的状况，提供单位人力资源管理的工作依据。为了制定符合科研技术单位发展战略及目标的绩效管理考核系统，应先进行小范围的实验并在调整后进行全面推广落实。

（三） 合理构建绩效考核指标体系

明确绩效考核指标的范围及考核权重对确定科研事业单位绩效考核标准的范围非常关键，直接关系科研工作能否顺利落实，从多元化角度落实科研事业单位的绩效考核工作，不仅要提升绩效考核水平、管理水平，还要进一步完善绩效考核内容及工作。因此，科研事业单位应根据人力资源招聘过程中的合同内容，结合实际岗位工作需求制定绩效考核范围。针对不同岗位和不同工作性质的人，将考核技术放在考核工作中心，然后结合相关工作及业务现状制定科学的绩效考核准则，并选择分类考核模式，进一步确定绩效考核内容，积极参考相关资料，从而有效提升绩效考核工作水平。构建科学合理的绩效考核指标体系是科研事业单位实施绩效考核机制的关键性基础工作。科研事业单位的工作内容和性质与一般企业存在较大的区别，在指标体系构建时，应采取定性与定量指标相结合的方式，以提升科研单位绩效考核指标结构的科学性与合理性。科研事业单位的人力资源组成主要包括三类，即科研管理人员、专业技术人员以及工勤人员。针对此人员结构分类，科研事业单位的绩效考核指标应根据人员职务、工作内容以及工作流程等的不同，构建相应的分类绩效评估指标体系，尤其是对于科研技术人员，知识型员工的绩效考核与其他岗位的绩效考核相较，在目标、内容与成果评定方面存在较大差异，只有制定具有针对性的绩效考核评估指标与方法，才能客观、全面、准确地对其绩效进行评估。

（四） 建立以科研成果为导向的绩效管理体系

以科研成果为导向的绩效管理体系绩效考核工作项目包括绩效管理方案制定、绩效考核实施、绩效考核内容的校验与调整、绩效结果反馈、绩效结果的科学应用。绩效管理具有闭环性，绩效管理方案作为绩效管理的参考依据，绩效考核实施与调整作为过程环节，保障绩效管理有序落实，旨在发挥考核管理的综合价值，绩效反馈是利用绩效管理内容，提升人力资源管理的综合价值。参考绩效管理工作的闭环性，为科研事业单位建设相应的绩效管理平台，加强绩效管理过程的指导与监督力度，发挥绩效管理的综合价值。在绩效指标建设初期，应秉承"实际绩效为主、激励与问责制度相互挂钩"的人力资源管理原则，加强科研团队的工作指导，提升科研人员对重点课题的关注能力，推进科研人员落实科研成果转化，将其科研现象整理成具有研究价值的学术文档，为后续开展相关科研提供数据参考，发挥科研活动的研究价值，彰显人力资源管理对科研发展的辅助作用。与此同时，科研团队应采取的考核方式为基础型与应用型两类。基础型研究团队的考核指标以基金类科研项目、论文发表等内容为主。应用型研究团队的考核指标以成果转化、科研进展、项目课题研究意义等内容为主。年初由实验室、科研团队等部门人员制定考核指标，完善年度工作项目，细化单位组织工作内容，组织科研人员签订科研责任书。年终依据考核工作的完成情况，对比年初设定的考核目标，开展各小组科研团队的对比分析，加强科研团队负责人工作项目、指导科研、科研项目选择等内容的考核，综合评价各小组科研团队负责人的工作能力、指导能力、科研能力等。科研人员的考核方式，可采取定期年考核、不定期抽查两种方式结合的考核形式，由科研团队及其人员共同制定次年的科研任务，以此作为考核依据，加强考核结果与每月绩效管理的关联，以此增加绩效管理的科学性，年终考核结果作为科研人员评优依据。

（五）定性定量的考核方式相结合

确定绩效考核主体、方法和流程科研事业单位绩效考核方法与主体是绩效考核工作顺利落实的关键，在绩效考核过程中，被考核人员得到了足够关注，考核方法是定性考核和定量考核相结合的方法，应根据绩效考核工作的需求制订相应考核方案。在某个科研事业单位的绩效考核工作中，定量考核包括很多方面的考核内容，包括科研项目考核、经费考核等，结合相关考核标准对其进行相应评分。定性考核工作主要是针对科研工作、战略目标以及未来发展进行考核，绩效考核工作的结果需要所有评估人员共同参与评分才能确定。按照科研工作的自身特征进行分类，科研绩效考核工作可以分为以下三种：一种是高技术研究团队，另一种是定向基础研究团队，还有一种是国防科研团队。基于此，参与考核的工作人员应该结合工作特征选择合适的考核模式。确定合理的考核方法科研型事业单位专业技术人员的绩效具有长期性和模糊性特征。定性指标考核可以每年进行一次。定量指标考核在聘期结束后的每 2 ~ 3 年进行一次。专业技术人员可以根据定性指标内容调整自己的工作状态，同时，根据定量指标确定聘期内的工作内容。单位则可以将每年的定性考核结果与聘期结束后的定量考核结果相结合，对专业技术人员实施下一个聘期的竞聘，同时为专业技术人员制定更有针对性的培训。

（六）加强对考核工作的重视

提高对绩效管理工作的重视，科研事业单位在组织发展工作中需形成绩效管理的思维意识，打造合理科学的绩效管理体系文化，强化员工及部门领导的绩效管理意识，使绩效管理工作潜移默化地融入日常工作中，并由单位领导带领大家学习现代绩效管理的知识内容和理论方法。此外，把绩效考核结果作为绩效工资职位晋升的主要依据，让科研工作人员深刻地认识到绩效考核与自己的职业规划息息相关，以此得到科研工作人员的重视。同时，鼓励员工改进绩效考核中发现的问题，共同进步，充分调动员工的工作热情，才能使绩效管理工作发挥真正的作用，为科研事业单位绩效管理科学化，规范化奠定基础。

（七）增强绩效考核的层次性和多样性

实施多样化的绩效考核方式，不同层次、不同类型的科研工作有着各自的特点，因此，对于科研人员的绩效考核，应具体问题具体分析，采取多样化的考核方式来实现考核的公平与公正，可以是年度考核与平常考核相结合的方式，也可以是个人考核与团队考核相结合的方式，总之不应"一刀切"，统一执行，应具有一定的灵活性。科研工作具有一定的特殊性，尤其是一些重大的科技项目或是跨学科的复杂科研项目，往往都是依靠专业的科研团队来完成的，团队的作用在这些科研项目中是个人所无法企及的，单纯的对个人业绩进行评估，在这种情况下是无法客观、准确的反映工作绩效的。因此，采取团队绩效考核评估与个人绩效考核评估相结合的方式，将团队绩效评估结果作为个人绩效评估的基本依据，能够有效激励个人在团队中的成长与贡献，不仅有利于更加客观、公正地评估个人绩效，还能够提高团队成员的合作意识，提高整个团队的合作能力。而年度考核与平常考核相结合的方式，对于科研工作也具有较强的适用性。科研项目往往成果显化周期较长，在不同的阶段其绩效水平有着较大的差异，根据时间因子或项目计划周期进行合理的考核评估，能够更真实、客观地反映科研工作的成效。

（八）提高绩效考核的合理性和可执行性

要想杜绝绩效管理工作流于形式，全面发挥目标导向作用，需要尽可能地提高绩效考核的合理性和可执行性。首先，强化管理制度建设，规范内部管理。绩效管理是人力资源部门的核心工作，但绩效管理绝不仅仅只是人力资源一个部门的工作。在实施绩效管理过程中，要不断修订完善管理制度并积极宣传，努力获得管理层的重视和支持，使得各级部门成为推进绩效考核的主力，形成绩效管理贯穿单位管理全程，管理层、人力资源部、各级部门"三驾马车"齐心协力，绩效考核层层推进的良好局面。其次，绩效考核实行分级管理、分层考核。科研人员的绩效考核评价工作实行院、所、科研团队分级管理、分层考核。院负责顶层设计，指导院建立考核评价体系；所负责各自科研人员绩效考核细则的制定及对科研团队负责人的考核；科研团队负责科研人员的具体考核，人力资源部牵头负责绩效管理的组织和实施，协调各所的考核工作、受理投诉、审批考核结果等工作。最后，建立有效的绩效反馈制度，加强绩效的反馈与沟通，使科研人员了解组织期望和自己的工作绩效，对不足之处提出改进意见，全面落实培训活动。

（九）建立合理的绩效考核激励机制

考核结果的应用直接决定着绩效管理工作的成败，一套行之有效的绩效管理体系不仅体现在指标的合理性、考核方法的科学性，它的画龙点睛之笔更多体现在对考核结果的应用，管理者在考核结果的应用上是"老好人思想"，还是严格做到奖优罚劣，这将直接决定科研人员的工作积极性和创造性。考核结果的应用主要从正向激励与负向激励两方面出发。考核优秀必须奖励，考核不合格必须惩罚，这是基本原则，不能违背，否则激励的公正性就失去了意义，而考核也将流于形式。奖励所面临的一个问题是如何让单位奖励的资源满足科研人员的个人需要，从而使奖励能真正转化为正向激励，需把物质激励与精神激励有效结合使用。物质激励层面，虽有绩效总量控制，但可加大奖励性绩效分配比重，将绩效考核结果作为决定职工奖励性绩效的主要分配要素。分配形式可采用一次性奖励、科研人员特殊津贴、科研奖励、技术成果转让提成等；精神奖励层面，可分为外在精神激励和内在精神激励。外在精神激励如和谐的人际关系、与上级管理者的无障碍沟通、日常生活的关心和照顾等，能够提供轻松愉快的环境开展科研创新工作。内在精神激励是在科技工作中运用工作本身所蕴含的激励因素，从而激发和强化科研人员的创新活动。主要包括职位晋升、授权、科技论文竞赛、论坛讲座、培训等。负向激励，具体而言，事业单位实行了岗位聘用制，打破了岗位"能上不能下"的局面，采用末位淘汰制对末位人员降岗重新聘用或离岗培训，扣减奖励性绩效、院内通报等。管理是门科学，更是门艺术，有效可行的激励机制显得格外关键，把物质激励和精神激励有效结合，还需根据不同科研人员的需要而有所侧重，精准调动科研人员积极性，使其聪明才智得到充分发挥。

（十）建立专门的绩效考核管理机构

在事业单位人事处职责的基础上，选择或培养从事绩效管理的专业人员组建专门的绩效管理工作部门。绩效考核机制的建立需要单位将人力资源管理提至单位战略性管理的高度。单位负责人主要制定绩效管理目标、审定绩效管理系统方案、安排绩效管理重大事项等，绩效管理部门主要负责分析单位绩效管理环境、制定科学合理的考核方案、实施绩效考核、结果分析和反馈等内容，并基于 PDCA 循环管理思想对绩效管理系统进行持续的改进，保证单位绩效管理系统与时俱进，有助于提高人力资源管理工作的质量。

（十一）营造绩效导向型的组织文化

组织文化是组织在发展过程中形成的管理理念的提炼。营造科学、合理的绩效管理文化，可以增强员工对绩效管理的关注度，强化绩效管理理念，对员工有潜移默化的影响和改变，促进绩效管理的实施。营造以绩效为导向的组织文化，一是要对绩效管理给予足够的重视，领导带头学习现代绩效管理理论与方法，为单位实施绩效管理走向规范化、科学化奠定基础；二是要加大绩效考核结果的运用力度，把绩效考核成绩作为员工绩效工资、职称晋升和提拔任用的重要依据；三是要转变员工的绩效观念，作为绩效管理的考核对象，要清醒地认识到绩效管理与自己的职业人生规划息息相关，其参与程度将影响考核结果的反馈；四是营造鼓励创新的工作环境，鼓励员工善于发现绩效管理系统中存在的问题，并共同改进，促使绩效管理发挥真正的作用，调动员工的积极性与热情。

（十二）健全绩效管理监督机制

如果缺少监督机制，组织的绩效管理实效将会降低，严格的监督机制是确保单位绩效管理客观、公正实施的重要手段。绩效管理应该达到对员工产生正强化激励的目的，结果应用直接影响科技人员的切身利益，缺乏相应的监督机制容易滋生管理漏洞，使得绩效管理达不到目标效果。单位监察部门应将绩效考核管理工作作为重点，对绩效管理的过程实施监督，并明确"谁参与，谁负责"，避免评估者随意评估、盲目评价情况的出现。

（十三）建立有效的绩效评估反馈机制

绩效考核评估的主要目的是对员工的工作业绩与成果进行评定，发现其不足，提出改进意见，促使员工提高工作绩效。因此，可以说，绩效评估反馈沟通机制的建立，在很大程度上决定着绩效评估工作的成效。从本质上来说，绩效考核是"考核评估——结果分析——沟通改进——再评估"的循环过程。在这个循环过程中，绩效考核评估结果的反馈及沟通改进属于中间衔接环节，也是至关重要的环节，反馈沟通的成效在很大程度上决定着员工的业绩能否提升，不足与问题能否改进或解决，其重要性不容忽视。建立有效的绩效评估反馈与沟通机制是一件系统性的工作，并不是简单的面谈与沟通。第一，业绩目标的制定应是绩效考核评估结果反馈与沟通的重要前期工作，考核人员应与被考核共同确定业绩考核目标，而不是单方面的强制要求，这对于结果反馈沟通工作的成效至关重要。第二，考核结果的反馈要及时，应在考核周期内及时将结果反馈给被考核者，使被考核者能够在有效时间内进行反思与分析。第三，在就考核结果进行沟通时，双方应是处于一个平等的地位，而不是上级对下级，这对于考核对象接受反馈意见十分重要。第四，对于考核结果的分析评估应基于科学的分析判断，切忌带有主观思想，沟通过程应就问题与不足达成共识，然后再共同进行不足或问题的原因分析。第五，在不足或问题分析完成形成共识后，再共同探讨解决的办法，并在此基础上，制定出双方认可的下一次的绩效考核目标。绩效管理反馈机制绩效反馈机制的建立不仅要体现在评估结果的反馈环节，还需要在绩效管理目标、系统设计与实施、系统改进等方面都保持持续动态的沟通。一方面，加强相互的沟通，体现员工的意愿，使员工参与度提高；另一方面，通过沟通及时发现问题并找出解决问题的办法，营造良好的工作环境和人际氛围，有助于提高员工的工作绩效，使绩效管理发挥真正的作用，成为实现组织目标的助推剂。

（十四）根据考核结果进行相应调整

运用绩效考核结果并根据我国绩效考核工作的最终结果，科研事业单位应该及时调整工作人员的职位，充分发挥绩效考核结果的自身作用，以此来落实薪酬、培训、奖励等工作，严格按照绩效考核工作标准记录好考核结果。

（十五）完善考核结果应用

完善考核结果应用专业技术人员绩效考核结果应及时反馈给技术人员，并与其培训、晋升相结合，与薪资、奖励相挂钩。技术人员年度考核结果分为"优秀""合格""基本合格""不合格"四个等级，在年终发放奖金时可结合等次上浮或下调分配比例，使其真正地与专业技术人员切身利益挂钩。聘期考核结果应该作为岗位晋升的重要参考，在聘期结束后进行下一轮专业技术岗位竞聘时，可以制定"考核结果优秀者优先竞聘上级岗位""考核结果合格以下者，不得参与上一级岗位竞聘"的条件。在培训方面，对于考核结果优秀者提供更多晋升机会，对考核结果合格以下者，应有针对性地开展专业知识和技能培训。对培训后仍不能履行岗位职责或连年不能完成本岗位任务的，可以转岗乃至解聘。唯有完善并切实应用好考核结果，才能真正发挥考核的实效和目的。

第三节　存在的问题与不足

本研究建立的绩效考核体系实现了对被考核对象的定量与定性、相对与绝对、精确与模糊考核。由于绩效考核是一个十分复杂的社会问题，本研究建立的绩效考核体系仍存在着一些不足。一是研究深度有待进一步加强。利用绩效评价体系对贵州省属科研事业单位的绩效进行评估是一个长期的复杂的系统工程，研究过程需要做大量的调查研究和具体原始数据的收集、整理与分析。本课题的研究时间还比较短，在体系建立的过程中，仍较多采用传统方式或引进已成功实践的办法，因而结果尚显粗浅，建立完整的科研绩效评估体系还有很长的路要走，指标体系创新特色有待进一步加强。二是绩效考核具体细节问题研究仍可进一步深化。贵州省属科研事业单位面临的各种问题，是长期以来国家的行政管理体制和经济运行体制造成的，绩效管理只是其手段之一。科研事业单位现状的复杂性，决定了管理方式的多样化。本研究在建立绩效评价指标体系中，未能细化考虑各单位的复杂的管理情况，仅从纯科研管理、纯事业的角度进行指标的筛选和权重体系的建立，由于时间精力的限制，未能对特殊个案情况进行细化分析。

参 考 文 献

［1］师雪茹，陈刚．新形势下高效农业科研创新团队建设体系研究［J］．农业科技管理，2020，39（01）：73－76．

［2］杨哲．军工科研事业单位人才流失问题与对策研究［D］．中国矿业大学，2020．

［3］盛力．完善科研类事业单位专业技术人员绩效考核对策分析［D］．黑龙江大学，2013．

［4］张琳．对科研技术人员绩效考核的若干思考［J］．探求，2007（3）：55．

［5］刘霞．把握事业单位绩效考核特点［J］．中国卫生人才，2011（9）：42．

［6］阳望平．事业单位绩效考核存在的问题及对策［D］．湖南师范大学，2011．

［7］徐国敏．新形势下科研事业单位绩效考核问题探析［J］．现代商贸工业，2011，23（24）：172－173．

［8］寇嫒．科研型事业单位内部控制优化研究［D］．云南财经大学，2020．

［9］曹献飞．基于可拓理论的高校科研团队绩效评价研究［J］．科技管理研究，2012，32（12）：130－133．

［10］李巨光，苗水清．基于科技创新团队绩效评价特点的评价方法研究［J］．农业科技管理，2013，32（2）：77－79，89．

［11］高振，沈馨怡，吴松强．适应于协同创新发展模式的科研团队绩效考核机制研究［J］．工业技术经济，2013，43（12）：78－89．

[12] 姜彤彤. 基于 DEA 的高校创新型科研团队绩效评估实证研究 [J]. 高教探索, 2014 (5): 42 - 45.

[13] 辛琳琳. 高校科研团队绩效评价研究——基于投入产出视角 [M]. 北京: 中国人口出版社, 2014.

[14] 冯海燕. 高校科研团队创新能力绩效考核管理研究 [J]. 科研管理, 2015, 36 (1): 54 - 62.

[15] 王晓蓬, 许安琪. 高校科技创新团队"定性"与"定量"评价及其优化措施 [J]. 浙江理工大学学报 (社会科学版), 2018, 43 (3): 237 - 242.

[16] 吴磊, 胡可, 王刚. 基于改进区间数证据理论的高校科研团队绩效评价 [J]. 南昌大学学报 (理科版), 2018 (5): 495 - 499.

[17] 肖泽忱, 布仁仓, 胡远满. 对我国林业政策绩效评价体系的思考 [J]. 西北林学院学报, 2009, 24 (3): 224 - 228.

[18] 张爱卿. 人才测评 [M]. 中国人民大学出版社, 2005.

[19] 项凯标. 动态环境下团队过程、共享心智模型和组织绩效关系研究 [D]. 北京交通大学, 2014.

[20] 王丽丽. 高校教师科研绩效量化评价研究 [D]. 哈尔滨师范大学, 2017.

[21] Ford J D, Schellenberg D A. Conceptual issues of linkage in Assessment of organizational performance [J]. Academy of Management Reviews, 1982, 7 (1): 49 - 58.

[22] 于大春, 张华杰, 宋万超. 绩效管理理论研究综述 [J]. 情报杂志, 2010, 29 (S2): 11, 16 - 19.

[23] 王菲, 毛乃才. 企业绩效评价理论综述及实践应用 [J]. 商业时代, 2010, 482 (7): 70, 75.

[24] 王曼丽. 纵向紧密型医疗联合体绩效评价模型及其绩效改进策略研究 [D]. 华中科技大学, 2018.

[25] 刘志华. 区域科技协同创新绩效的评价及提升途径研究 [D].

湖南大学，2014.

[26] 陈莹莉. 绩效管理理论基础的回顾与展望 [J]. 人力资源管理，2015（05）：105－106.

[27] 陈凌芹. 绩效管理 [M]. 北京：中国纺织出版社，2004：15－63.

[28] 理查德·威廉姆斯. 组织绩效管理 [M]. 北京：清华大学出版社，2002：13－38.

[29] 顾琴轩. 绩效管理 [M]. 上海：上海文通大学出版社，2002：11－126.

[30] 王艳艳. 绩效管理的理论基础研究：回顾与展望 [J]. 现代管理科学，2011（06）：95－97.

[31] 刘兵，陈晓洁，林舜旺. 绩效管理理论在高校教师管理中的应用研究 [J]. 黑龙江高教研究，2006，（3）：92－94.

[32] 方振邦. 战略性绩效管理 [M]. 北京：中国人民大学出版社，2007：8.

[33] 亓慧. 基于卓越绩效准则的公立医院绩效评价研究 [D]. 山东大学，2014.

[34] 李宝元，仇勇. 绩效管理 [M]. 北京：高等教育出版社，2016：27.

[35] 阳敏. 我国公共事业单位绩效治理研究 [D]. 湖南大学，2017.

[36] 江锋，邓彦伶. 科研人员绩效评价理论研究 [J]. 中国电子科学研究院学报，2020，15（7）：625－628.

[37] 陈涛. 基于系统科学理论的城市道路交通拥挤预测与控制模型研究 [D]. 东南大学，2005.

[38] 谢德胜. 系统科学理论视角下的高校教学质量评价创新策略 [J]. 中国成人教育，2019（14）：61－63.

[39] Robbins，S. P. Organizational Behavior [M]. 北京：清华大学出

版社，2001.

［40］方宝．研究型大学教师科研业绩考评机制设置研究［D］．厦门大学，2017.

［41］王如哲．国际大学研究绩效评鉴［M］．台北市：高教评鉴中心基金会出版社，2008（10）：126－140.

［42］史兆新．科研诚信论［D］．南京师范大学，2019.

［43］郑菲菲．三级甲等医院护士科研能力与职业认同相关性研究［D］．吉林大学，2017.

［44］王丽丽．高校教师科研绩效量化评价研究［D］．哈尔滨师范大学，2017.

［45］顾明远．教育大辞典［M］．上海：上海教育出版社，1998：2102.

［46］刘小强，蒋喜锋．知识转型、"双一流"建设与高校科研评价改革——从近年来高校网络科研成果认定说起［J］．中国高教研究，2019，310（6）：59－64.

［47］刘威．高校院系科研绩效综合评价与优化研究［D］．华北电力大学，2015.

［48］贺永平．职称晋升中科研成果评审的问题与对策［J］．中国高校科技，2015，319（3）：67－69.

［49］高新发．高校科研的价值追求［J］．湖北人学学报，2000（1）：95－98.

［50］刘仁义．高校教师科技绩效评价问题研究［D］．天津大学，2007.

［51］陈燕，林梦泉，王宇等．广义教育绩效评价理论与应用方法研究［J］．中国高教研究，2019，309（5）：19－24.

［52］雷祯孝，蒲克．应当建立一门"人才学"［J］．人民教育，1979（7）.

［53］叶忠海．人才学概论［M］．湖南人民出版社，1983：59.

［54］中央人才工作协调小组办公室，中共中央组织部人才工作局编著.《国家中长期人才发展规划纲要（2010－2020年)》学习辅导百问［M］. 党建读物出版社，2010：3.

［55］袁川. 高校创新型人才培养的社会学分析［D］. 华中师范大学，2014.

［56］盛欣. 新建地方本科院校人才培养质量及保障机制研究［D］. 湖南师范大学，2015.

［57］张秀琴，李永平，刘云利. 地方本科院校人才培养方案的优化与管理［J］. 高教论坛，2010（2）：51－53.

［58］吴青峰. 民族地区地方高校人才培养适切性研究［D］. 湖南师范大学，2014.

［59］李晓溪. 高校文化创意产业人才培养研究［D］. 上海大学，2014.

［60］蒋述卓. 高校理应要为文化产业的创新作贡献［J］. 深圳大学学报，2010（27）：94.

［61］顾明远. 教育大辞典［M］. 上海：上海教育出版社，1998：1691.

［62］谢丹. 高校科研成果转化为本科教学资源的研究［D］. 西南大学，2018.

［63］向俊杰，陈威. 论高校教师教学的360度绩效评价［J］. 黑龙江高教研究，2020，38（1）：59－64.

［64］任颖. 现代远程教育教师教学质量评价指标体系研究［D］. 华东师范大学，2006.

［65］沈玉顺，陈玉琨. 运用评价手段保障高校教学质量［J］. 中国地质大学学报，2002（4）：50－53.

［66］黄怡，田瑞玲. 谈层次需求理论对提高高校教学质量的启示［J］. 兰州商学院学报增刊，2001（12）：111.

［67］申卫星. 高等学校教学质量评价指标体系研究［D］. 东华大学，

2003.

[68] 马红霞. 论教学质量及其评价 [J]. 天水师范学院学报, 2002（6）：57.

[69] 蔡红梅. 研究型大学本科教学质量保证体系研究 [D]. 华中科技大学, 2014.

[70] 张玉田. 学校教育评价 [M]. 北京：中央民族学院出版社, 2000：136.

[71] 周冉. 高校教师教学质量评价的现状与对策研究 [D]. 南昌大学, 2020.

[72] 黄佳. 高校科研成果转化为教学资源的机制研究 [D]. 武汉理工大学, 2014.

[73] 陆根书等. 高校教学与科研关系的实证分析 [J]. 教学研究, 2005（4）：288.

[74] 杨燕英等. 高校教学与科研互动：问题、归因及对策 [J]. 教育研究, 2011（8）：55－58.

[75] 陈武元, 曹荭蕾. 如何促进我国高校教学从"良心活"向"用心活"转变——基于某研究型大学调查的思考 [J]. 现代大学教育, 2020, 36（5）：92－101, 112.

[76] 张艳萍, 杨雪. 提升高校辅导员科研能力的对策研究 [J]. 思想理论教育, 2015（11）：108－111.

[77] 刘献君. 大学教师对于教学与科研关系的认识和处理调查研究 [J]. 高等工程教育研究, 2010（2）：35－42.

[78] 周双喜. 面向提升高校创新力的教师绩效考核研究 [D]. 南京理工大学, 2015.

[79] 王欣, 周勇, 蔡莹等. 高等医科院校临床教师教学绩效评价指标的构建 [J]. 重庆医学, 2017, 46（29）：4171－4172.

[80] 教育部. 新时代高校思想政治理论课教学工作基本要求 [Z]. 教社科〔2018〕2号.